もっと知りたい

仁和寺の歴史

久保智康
朝川美幸 著

東京美術

はじめに

仁和寺（にんなじ）といえば、真っ先に思い出すのは「御室桜」ではないだろうか。もしくは吉田兼好が書いた『徒然草』。たしかに御室桜は現在も春の訪れを感じさせてくれ、徒然草は当時の仁和寺僧についてさまざまなことを教えてくれている。

しかし御室桜が植えられた江戸時代の初め、御室桜の開花の知らせとともに法皇が行幸されたこと、膨大な仏教経典や古文書を有していること、真言宗でありながら天台宗との関わり、天台教学に対する高い意識を持っていたこと、これも仁和寺の姿なのである。

この書籍を刊行するにあたり、最初に考えたことは「歴史は変わらないが、これまでと違った側面から仁和寺を伝えられないか」ということであった。もちろん仁和四年（八八八）の創建、平安～鎌倉期の隆盛、応仁の乱における伽藍の焼失、江戸期の伽藍再興、現在といった部分に変化はないが、真言宗の中でも広沢流という法流を継承しつつ、仁和寺を支えてきた寺院や僧侶たち、その僧侶たちを支える周囲の人々の姿など、これまで語られてこなかった部分にも焦点をあて、既存の解説書にないようなこと、意外な話も紹介している。

本書を読んで、今までの仁和寺と「少し違って驚いた」、仁和寺を「もっと知りたい」と感じていただけたら幸いである。

目次

もっと知りたい仁和寺の歴史

凡例
＊各宝物のデータは原則として、名称、員数、材質・技法、法量（単位はセンチメートル）、時代、文化財指定（重要文化財は重文と略）、所蔵者（仁和寺所蔵のものは省略）の順に記した。
＊各宝物の名称は、仁和寺での呼称に統一した。
＊文中の書籍・雑誌名は『 』で示した。
＊作品解説の時代区分については、美術史の年代表記による。

仁和寺とその周辺

双ヶ丘より仁和寺境内をのぞむ

仁和寺境内図

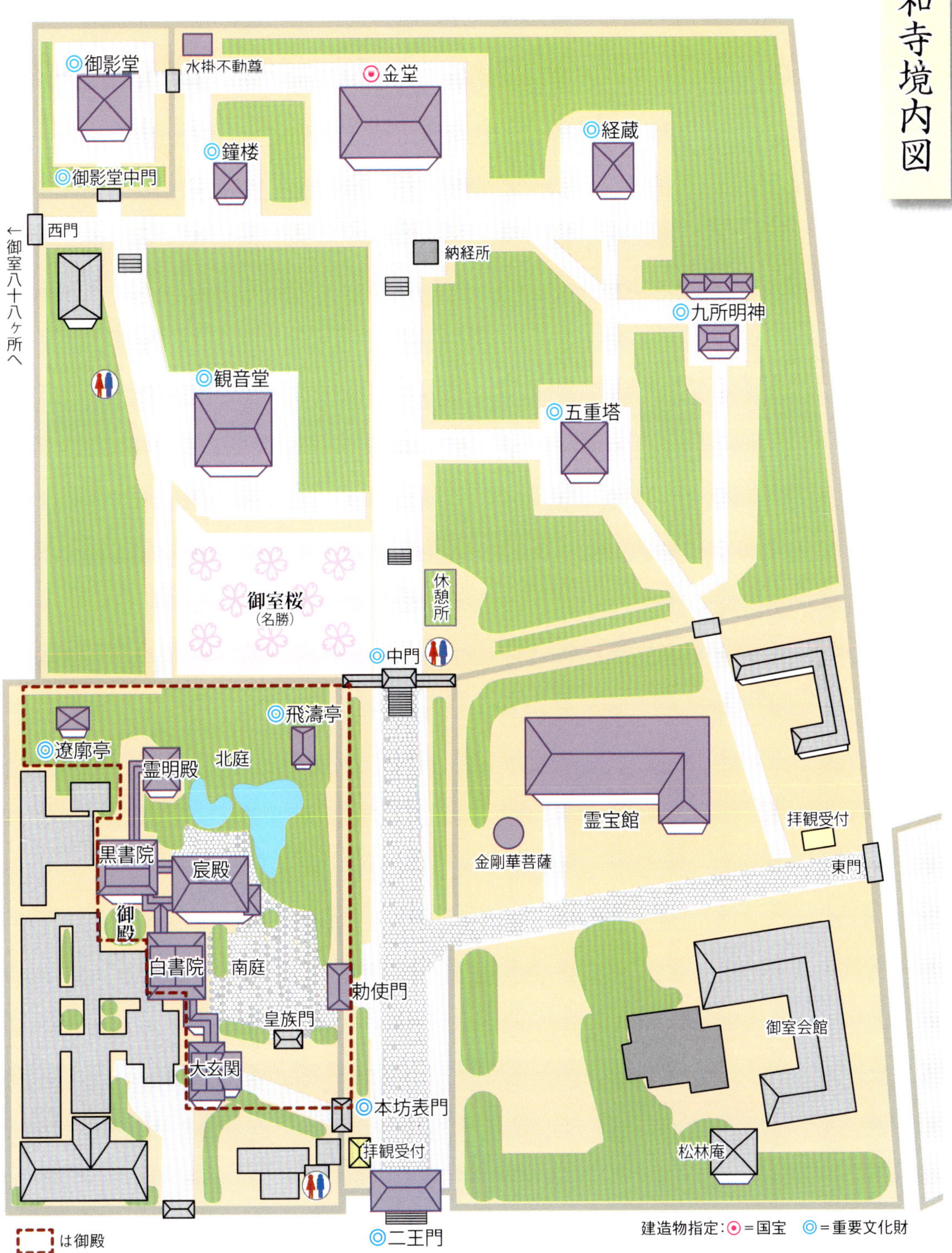
御影堂
水掛不動尊
金堂
経蔵
鐘楼
御影堂中門
西門
←御室八十八ヶ所へ
納経所
九所明神
観音堂
五重塔
休憩所
御室桜
（名勝）
中門
飛濤亭
遼廓亭
霊明殿
北庭
霊宝館
拝観受付
金剛華菩薩
東門
黒書院
宸殿
御殿
白書院
南庭
勅使門
皇族門
御室会館
大玄関
本坊表門
拝観受付
松林庵
二王門
は御殿
建造物指定：◉＝国宝　◎＝重要文化財

序章
仁和寺の二つのルーツ

平安時代、天皇の御願寺として創建され、幕末まで代々皇族が住職となった仁和寺は、王朝の優雅さと密教の厳粛さをあわせもち、千年を超える歴史を刻んでいる。

皇室とのつながりを軸に寺院組織を確立し発展

仁和寺は、光孝天皇（八三〇～八八七）が仁和二年（八八六）に大内山麓に一寺の建立を発願したことに始まる。しかし天皇は翌三年八月に崩御、よって次帝宇多天皇（八六七～九三一）がその遺志を継ぎ、仁和四年（八八八）八月に完成した寺院である。

その後、宇多天皇は寛平九年（八九七）七月に譲位し、昌泰二年（八九九）十月、東寺長者の益信（八二七～九〇六）を戒師として落飾（出家）、法皇および仁和寺第一世となる。第二世は三条天皇（九七六～一〇一七）の第四皇子性信親王（一〇〇五～八五）といったように、第十世を除き、第三十世純仁法親王（一八四六～一九〇三）が慶応三年（一八六七）に還俗するまで、仁和寺の住職は天皇の皇子や皇孫といった皇室出身者が継承していく。

また、仁和寺は宇多法皇が真言僧であったことから、現在も弘法大師を開祖とする真言宗寺院である。真言宗は、醍醐寺などを中心とする小野流に対し、仁和寺を中心とする広沢流がある。広沢流はさらに西院流や保寿院流など六流に分かれており、なかでも広沢六流の一つ、仁和御流は第四世覚法法親王（一〇九一～一一五三）を祖とし、主に法親王が相承する流派であった。この仁和御流がこの後も発展を続けたことで、平安末期から鎌倉期の仁和寺は真言密

歴代住職一覧

世	法名	歴代名	父	続柄	生没年
一	空理（金剛覚）	寛平（宇多）法皇	光孝天皇	第三皇子	八六七～九三一
二	性信親王	大御室	三条天皇	第四皇子	一〇〇五～一〇八五
三	覚行法親王（覚念）	中御室	白河天皇	第三皇子	一〇七五～一一〇五
四	覚法法親王（真行）	高野御室	白河天皇	第四皇子	一〇九一～一一五三
五	覚性法親王（信法）	紫金台寺御室	鳥羽天皇	第五皇子	一一二九～一一六九
六	守覚法親王（守性）	喜多院御室	後白河天皇	第五皇子	一一五〇～一二〇二
七	道法法親王（尊性）	後高野御室	後白河天皇	第八皇子	一一六六～一二一四
八	道助法親王	光台院御室	後鳥羽天皇	第二皇子	一一九六～一二四九
九	道深法親王	金剛定院御室	後高倉院	第二皇子	一二〇六～一二四九
十	法助	開田准后	九条道家	第五子	一二二七～一二八四
十一	性助法親王	後中御室	後嵯峨天皇	第六皇子	一二四七～一二八二

＊法親王…皇族が出家後に親王宣下を受けた場合の身位・称号。仁和寺第三世覚行法親王が初例。はじめ親王宣下後に出家をした場合、入道親王と呼び区別をしていたが、のちに入道親王も法親王と称されるようになった。

教の頂点を極め、皇室とのつながりも絶対的なものにしていったのである。

しかし、一度として困難がなかったわけではない。たとえば応仁の乱（一四六七～七七）では伽藍を焼失し、その後再興されるまでには約一七〇年の年月を経たことなど、幾度もの存続の危機があった。この危機を乗り越えてきた背景には、院家や坊官、寺侍の存在があり、こうした人たちによって支えられ、寺院組織としても確立されていたことが大きく関係している。

現在、仁和寺は真言宗御室派の総本山として、約八〇〇の寺院とともに歩み続けているのである。

御殿への入り口。右に見えるのは皇族門。

十二	性仁法親王	高雄御室	後深草天皇	第四皇子	一二六七～一三〇四
十三	深性法親王	尊勝院御室	後深草天皇	第六皇子	一二七五～一二九九
十四	寛性法親王	常瑜伽院御室	伏見天皇	第三皇子	一二八九～一三四六
十五	法守法親王	禅河院御室	後伏見天皇	第三皇子	一三〇八～一三九一
十六	永助法親王（空助）	後常瑜伽院御室	後光厳天皇	第五皇子	一三六二～一四三七
十七	承道法親王	法金剛院御室	後小松天皇	猶子	一四〇八～一四五三
十八	法深法親王（弘覚・静覚）	後光台院御室	後花園天皇	猶子	一四三九～一五〇三
十九	覚道法親王	後禅河院御室	後柏原天皇	第二皇子	一五〇〇～一五二七
二十	任助法親王	厳島御室	伏見宮貞敦親王	第四子	一五二五～一五八四
二十一	覚深法親王	後南御室	後陽成天皇	第一皇子	一五八八～一六四八
二十二	承法法親王（性承）	後大御室	後水尾天皇	第三皇子	一六三七～一六七八
二十三	覚観法親王（覚恕・覚隆）	後金剛定院御室	霊元天皇	第二皇子	一六七二～一七〇七
二十四	守恕法親王	後光明寿院御室	京極宮文仁親王	第二子	一七〇六～一七二九
二十五	慈仁法親王	宝荘厳院御室	中御門天皇	第四皇子	一七二三～一七三五
二十六	遵仁法親王	三摩耶心院御室	中御門天皇	第六皇子	一七三六～一七四七
二十七	覚仁法親王	金剛心院御室	有栖川宮職仁親王	第三子	一七三二～一七五四
二十八	深仁法親王	後喜多院御室	閑院宮典仁親王	第二子	一七五九～一八〇七
二十九	済仁法親王	不壊身院御室	有栖川宮織仁親王	第十一子	一七九七～一八四七
三十	純仁法親王	楞厳定院御室	伏見宮邦家親王	第五子	一八四六～一九〇三

第一章 創建から隆盛の時代（平安時代）

仁和二年（八八六）、光孝天皇の勅願によって創建への道を歩み始めた仁和寺。光孝天皇亡き後、宇多天皇がその遺志を継ぎ、二年後の仁和四年に落慶供養が営まれた。宇多天皇は譲位後に仁和寺第一世となり、法流の基礎を築いた。

1 光孝天皇・宇多天皇による創建

受け継がれた建立の遺志

仁和二年（八八六）、光孝天皇（八三〇〜八八七）が建立の発願をした仁和寺は、仁和四年八月、次帝宇多天皇（八六七〜九三一）によって完成された。

『日本紀略』によれば、仁和四年八月十七日に新造された「西山御願寺」において先帝の御斎会が行われたとあり、宇多天皇は創建と同時に光孝天皇の一周忌をこの地で行ったようである。その西山御願寺が仁和寺と呼ばれるようになった明確な時期は不明だが、『類従三代格』寛平二年（八九〇）部分に、年分度者（国家によって得度を許された者）二人が仁和寺に置かれたことが記され、落慶から二年後には、すでに仁和寺と呼ばれていたようである。

仁和寺第一世となった宇多天皇

即位から十年の寛平九年（八九七）七月、宇多天皇は譲位し、落飾（出家）したのち、法皇および仁和寺第一世となる。仁和寺では宇多法皇を開山法皇、寛平法皇とも称する。

宇多法皇は仁和寺内に自身の念誦堂である円堂や僧坊である御室を建立し、生涯仁和寺で過ごした。『扶桑略記』によれば、法皇は幼い頃から生鮮を食べず、三宝に帰依していたことが記されており、幼少から仏教に強い関心を示していたことがわかる。譲位後に落飾することは自然の成り行きだったのかもしれない。

法皇の法流を直接継承した僧に寛空（八八四〜九七二）がいる。『御室相

光孝天皇像

1軀　木造・彩色　像高82.2cm　江戸時代

光孝天皇は仁明天皇（808〜850）の第三皇子。仁和二年（886）、天皇は寺院の建立を発願するが、完成を見ずに崩御した。本像は金堂に安置されており、仁和寺を発願した本願天皇としての威厳を感じる。

承記』によれば、寛空は仁和寺別当をはじめ東寺長者などをつとめた高僧である。その法流は寛空から寛朝（九一六～九九八）、そして済信（九五四～一〇三〇）へと継承された。済信は第二世となる性信（一〇〇五～八五）の師となり、伝法灌頂を授ける。伝法灌頂とは、本来インドにおいて国王が即位する際に行う儀式であったが、大乗仏教では僧侶の位を与えるための儀式となった。真言密教では、さらにある特定の行位を修めた者に限り、阿闍梨（高僧）として密教を継承する証を与える重要な儀式である。

宇多法皇像

1幅　絹本著色　縦133.2cm　横70.4cm　室町時代

僧綱襟のある唐草文の衣、火焔宝珠文の横被を着け、右手に倶利迦羅龍剣、左手に念珠を執り、法被をかけた椅子上に坐す姿を描く。上部には色紙型を区画し「みやのたき／むへもなに／おひて／きこえけり／おつるしら／あはたまと／ひゝけは」という法皇自詠の和歌が記されている。

御室相承記

6巻　紙本墨書

縦29.1cm　全長292.4cm　鎌倉時代　国宝

第一世宇多法皇（空理）から第七世道法（後高野御室、1166～1214）に至る歴代御室の記録。歴代ごとに一巻作成される。第六世守覚（喜多院御室、1150～1202）の巻は失われて伝わらない。6巻の内、巻一・巻三には墨界線があり筆跡も同じであるが、ほか4巻はすべて筆跡が異なり、料紙の法量や奥書の有無などからも別個に伝来していたと考えられる。法会の記録や場所などの記載もあることから、当時の仁和寺を知るに相応しい史料である。

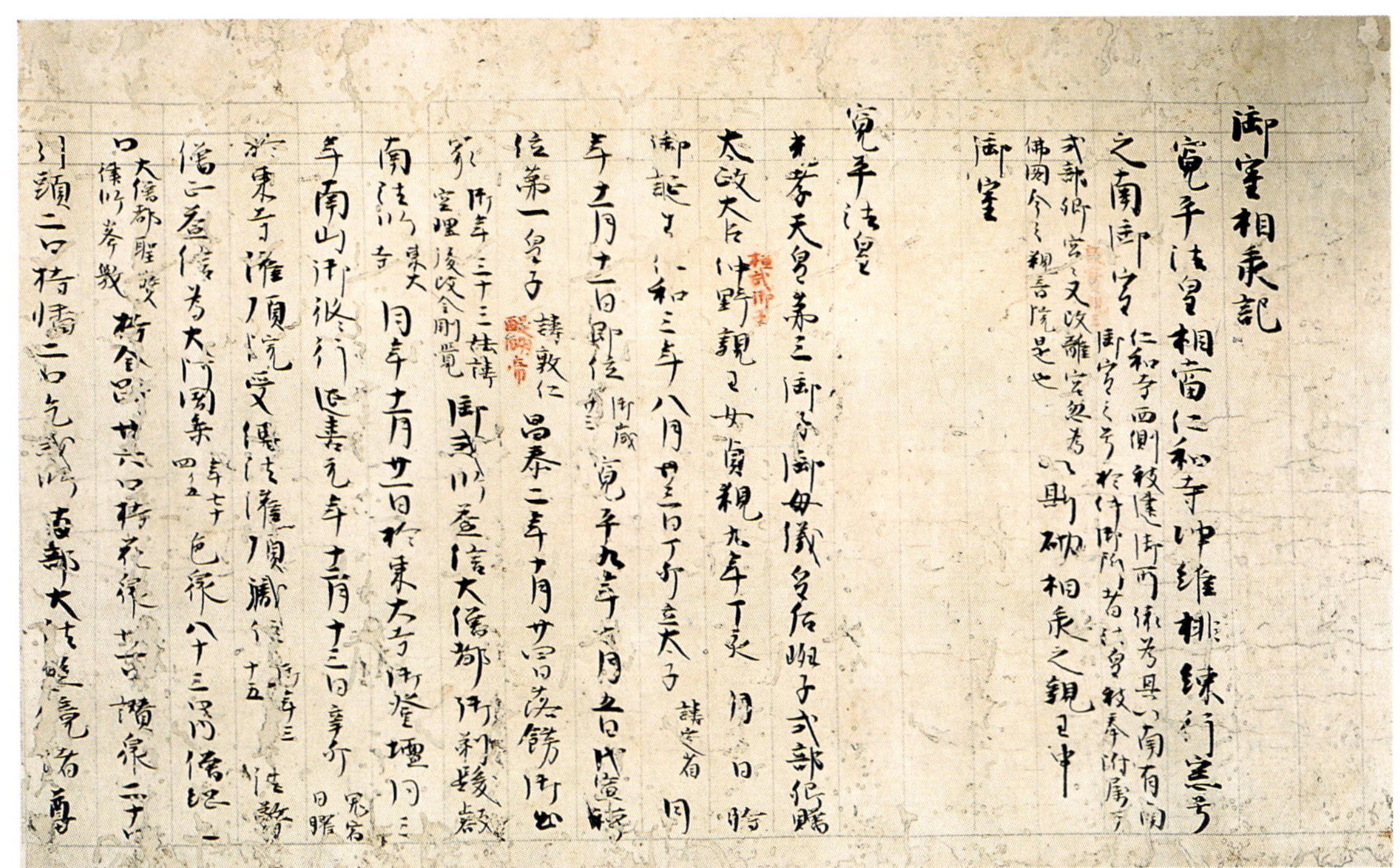
御室相承記

巻第一

2 法皇・御室が住まう寺

皇室出身者による継承

仁和寺第二世は三条天皇(九七六～一〇一七)の第四皇子性信親王であり、第三世は白河天皇(一〇五三～一一二九)の第三皇子覚行法親王(一〇七五～一一〇五)であった。また覚行法親王の入寺から、親王宣下をもって「法親王」の称を与えられることになり、この時、仁和寺の歴代は法親王が継承する体制が整う。実際に九条道家(一一九三～一二五二)の子であった第十世法助(一二二七～八四)を除き、第三十世純仁法親王(一八四六～一九〇三)が慶応三年(一八六七)に還俗するまで、天皇の皇子や皇孫といった皇室出身者が仁和寺の住職を継承していくのである(→6～7頁)。

「御室」と「門跡」

さて、「御室」といえば、御室桜や宗派名である真言宗御室派、地名の御室といった形で目にするが、仁和寺が創建された平安時代の「御室」とは、第一世宇多法皇の僧房のことを指していた。本来「室」だけで僧坊の意味があったが、法皇の住まいのため、御をつけて御室と呼んだのである。また、御室は第二世以降も持つことがあったようで、仁和寺の院家の記録『仁和寺諸堂記』には、南院や北院などがそれにあたるとしている。

また早い段階で「御室」は僧坊のほかに、仁和寺の住職である法親王(親王)の別称として用いられたらしく、当代は御室と呼ばれ、遷化後(死後)、縁のある名などの後に御室が付けられた。たとえば、第四世覚法法親王(一〇九一～一一五三)は高野山と縁があったことから高野御室、第六世守覚法親王は喜多院(北院とも)御室と称された。すなわち御室には、僧坊と法親王自身という二つの意味があったのである。

もう一つ「門跡」という言葉がある。これは元来開祖の正式な後継者「門葉門流」の意であったが、皇族・公家が住職となる特定の寺院(のちに寺格を示す)とその住職のことも示すようになる。現在は、文献によって門跡や御室、法親王といった記載が散見するようにみえるが、江戸時代以前はそれぞれに寺、人、僧坊として区別されていた。

真言宗の法流

真言宗は、現在野沢十二流、三十六派と呼ばれるほど多くの法流がある。これは真言密教では、師匠から弟子に法を授ける師資相承により密教の法灯を継承してきたが、故に師資相承の系譜、つまり血脈というものが非常に重要視されていたためである。

そしてこれら流派は、すべて宗祖である弘法大師空海(七七六～八三五)に連なる系譜をもっている。系譜

弘法大師像

1幅　絹本著色　縦144.8㎝　横116.0㎝　室町時代

弘法大師(空海)を宗祖とする仁和寺では、大師の画像を10点所蔵する。本図はその内の1点であるが、現在も伝法灌頂の際に奉懸される像である。像容は右手に金剛杵、左手に念珠を執る通形のものであるが、背凭のない牀座に坐しているところは、八祖様の形式で描かれている。仁和寺の院家であった真光院伝来。

をたどれば空海の弟子に実慧（？～八四七）と真雅（八〇一～八七九）がおり、その二人の伝法を相承したのが源仁（八一八～八八七）となる。

源仁の伝法を相承したのが、益信（八二七～九〇六）と聖宝（八三二～九〇九）であり、益信の法流は仁和寺第一世宇多法皇に受け継がれ、これがのちに広沢流と呼ばれるようになる。対して聖宝は小野流となり、この二つの法流が真言宗の根本流派となったことから、その一文字ずつを取り野沢と称された。

その後、広沢・小野両派は各六流、さらには三十六派に分派するが、仁和寺は現在も広沢法流の本山とされている。広沢流は寛助（一〇五七～一一二五）の弟子、第四世覚法法親王、信證（一〇九八～一一四二）らによって六流に分派される。その一つに仁和御流があり、これは法親王など仁和寺の歴代を相承する者のみに受け継がれた特別な法流とされた。仁和御流のほかに西院流があり、こちらは信證から受け継いだ宏教（一一八四～一二五五）によって確固たるものとなり、現在も伝えられているのである。

本覚大師（益信）像

1幅　絹本著色　縦111.2cm　横42.3cm
桃山時代　慶長元年（1596）

本覚大師は、はじめ元興寺明詮（789～868）に法相を、入唐八家の一人である宗叡（809～884）に密教を学び、源仁から伝法灌頂を受けた。のちに東寺長者、東大寺別当を歴任する。昌泰二年（899）の宇多天皇落飾の際には戒師となり、延喜元年（901）に灌頂を授けた。

本画には裏書があり、慶長元年に真禅院本（奈良）を写したこと、第二十世任助法親王（厳島御室）の十三回忌の際に開眼供養が行われたことが記されている。

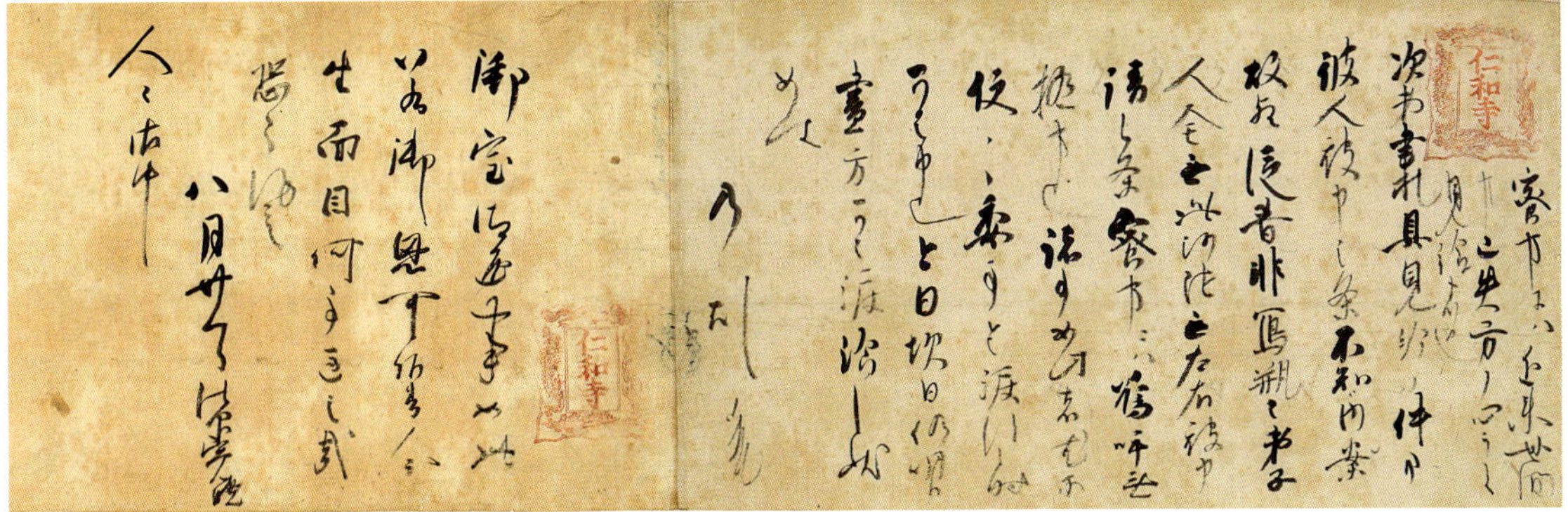

第二通　第一通

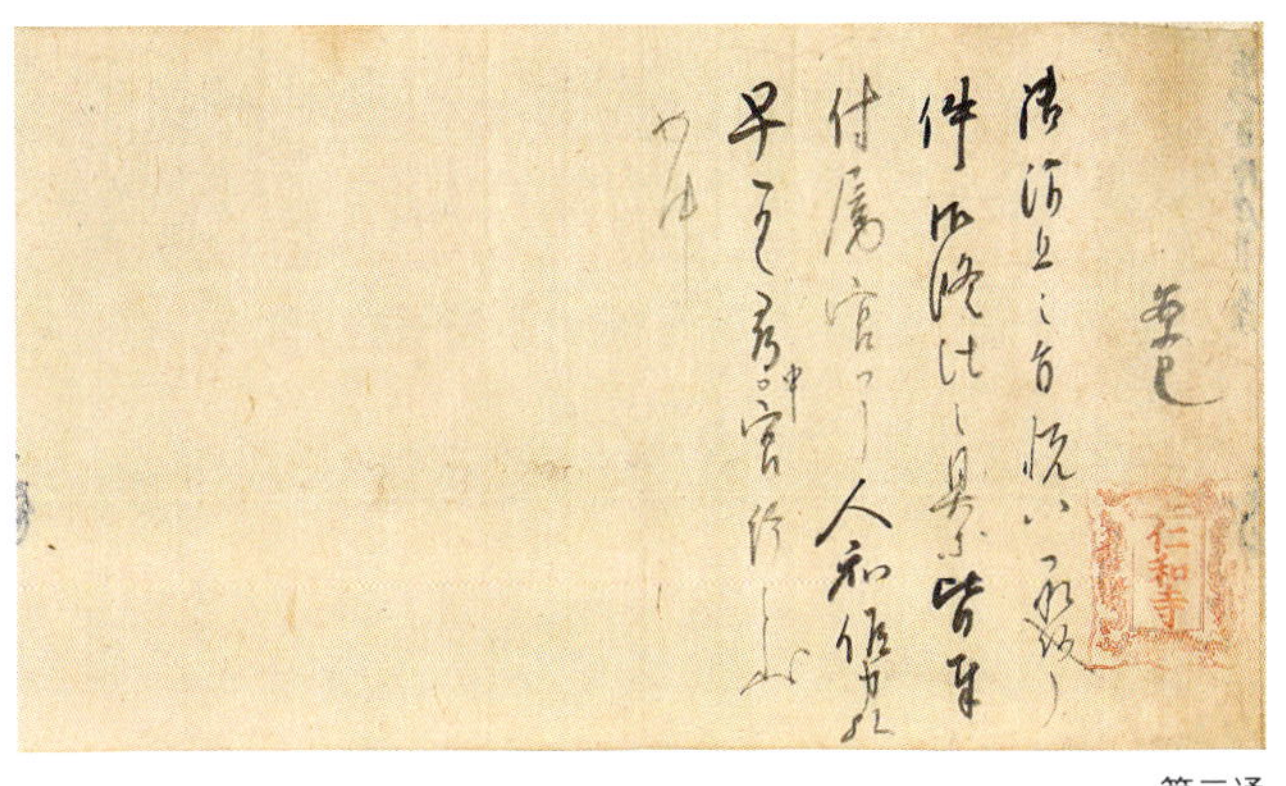

第三通

消息　覚法法親王（高野御室）消息　一通
華蔵院寛暁消息　一通
某返事案　二通

1巻　縦31.8cm　横230.0cm
平安時代後期　重文

第四世覚法法親王（高野御室、1091～1153）の消息など4通を1巻に収める。第一通の覚法法親王消息は、宛所は不明であるものの、秘法の伝授（孔雀経法か）を安易に請う者を厳しく批判する内容。第二通は華蔵院寛暁（1103～59）の消息で、第一通の消息を取りついだものと思われる。第三・四通はいずれも案文で差出人・宛所ともに不明だが、ともに第一・二通と関連する内容であり「御修法之具」の保全と保管について述べる。

3 仁和寺とその周辺 ―院家の成立

数多くの院家が仁和寺周辺に点在

仁和寺創建後、伽藍のなかには円堂院、観音院などが建立され、さらに仁和寺の周囲にも寺院が建立されていく。それは四円寺と呼ばれる天皇の御願寺（円融天皇の円融寺、一条天皇の円教寺、後朱雀天皇の円乗寺、後三条天皇の円宗寺）をはじめ、女院が造営した大教院や法金剛院、覚法法親王の南院、覚性法親王の大聖院、覚瑜が造営した真光院などである。これらはのちに院家と呼ばれ、仁和寺を支えていく寺院となる。

院家の由来や創建・歴代住職などを記す『仁和寺諸院家記（顕證本）』によれば、九十を超える院家名が記されており、時代によって数は増減するものの、仁和寺周辺に点在していたことがわかっている。院家によっては経蔵や塔なども建立されていたようで、特に大聖院経蔵は、第六世守覚法親王が文治二年（一一八六）に東寺から借用した「三十帖冊子」（→26頁）を納めた寺院であった。

また鎌倉中期から後期にかけては、

四円寺

・円融寺　・円教寺　・円乗寺　・円宗寺

御室御住房

・南院　・北院　・大聖院　・紫金台寺　・光明寿院

院家

・遍照寺　・小松寺　・神応寺　・無量寿院　・願成院
・性徳院　・光明蔵院　・西院　・花厳院　・菩提院
・菩提院西房　・蓮華心院　・般若寺　・蓮宝寺　・皆明寺
・恵命院　・宝勝院　・大教院　・大教院北房　・明王院
・勝宝院　・勝功徳院　・皆明院　・山本房　・木寺
・尊勝院　・真光院　・真光院矢庫房　・甘露王院　・南勝院
・岡崎房　・花蔵院　・上乗院　・心蓮院　・相応院
・理証院　・理智院　・成就院　・教王院　・青蓮寺
・蓮華寺　・円楽寺　・宝蓮院　・連行院　・威徳寺
・慈尊院　・相承院　・保寿院　・浄名院　・尊寿院
・慈雲寺　・西方院　・厳浄院　・静定院　・功徳院
・釈迦院　・光明院　・本教院　・浄菩提院　・自性院
・宝乗院　・宝持院　・律乗院　・摩尼珠院　・蓮乗院
・蓮浄院　・池房　・安養院　・禅定院　・遮那院
・釈王寺　・円明寺　・宝光院　・大福寺　・大鳳寺
・西高房　・転輪院　・五智院　・定光院　・広隆寺
・法浄院　・清涼寺　・大覚寺　・我覚寺　・浄光院
・法金剛院　・蓮花光院　・宝塔院　・真乗院　・最勝院
・密乗院　・円城寺　・五仏院　・徳大寺　・香隆寺
・往生院　・護持院

仁和寺再興（寛永～正保年間）以降も記録にみられる院家

・真光院　・花厳院　・真乗院　・浄光院　・心蓮院　・皆明寺
・南勝院　・尊寿院

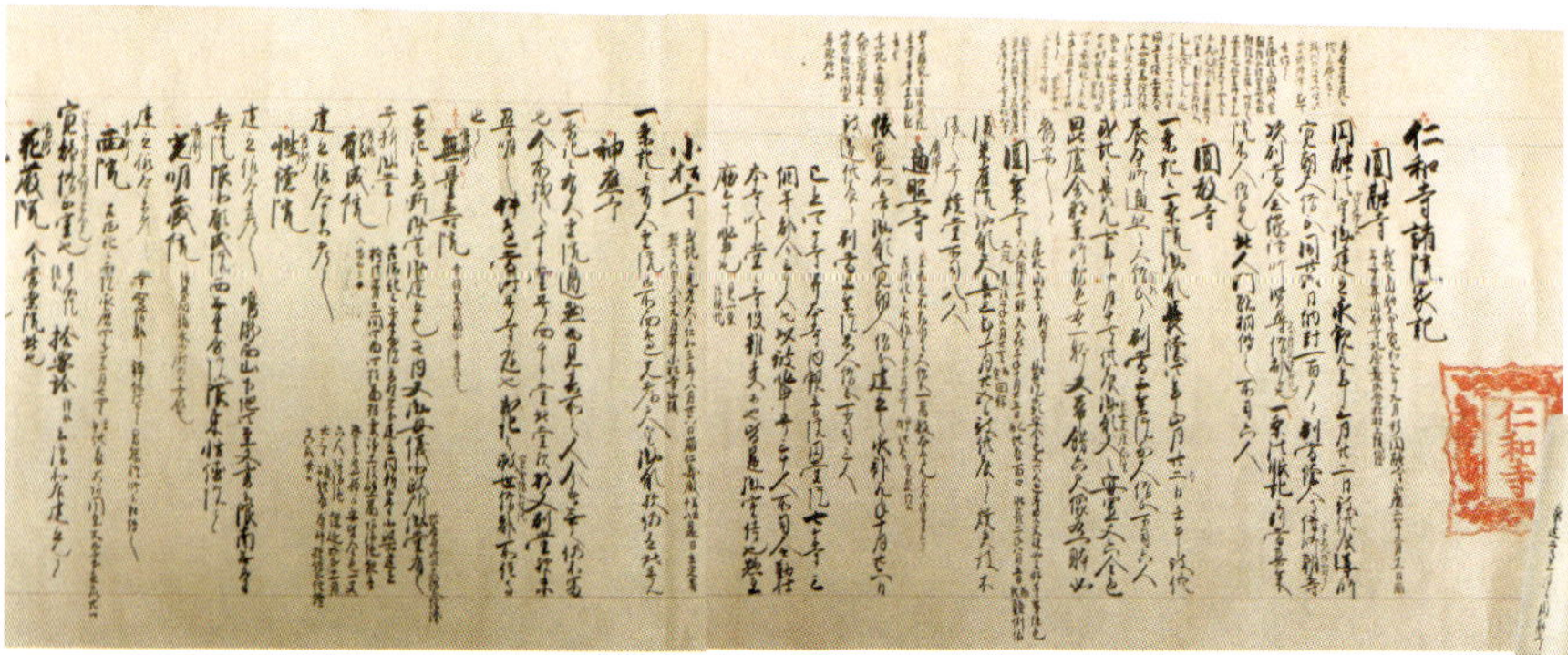

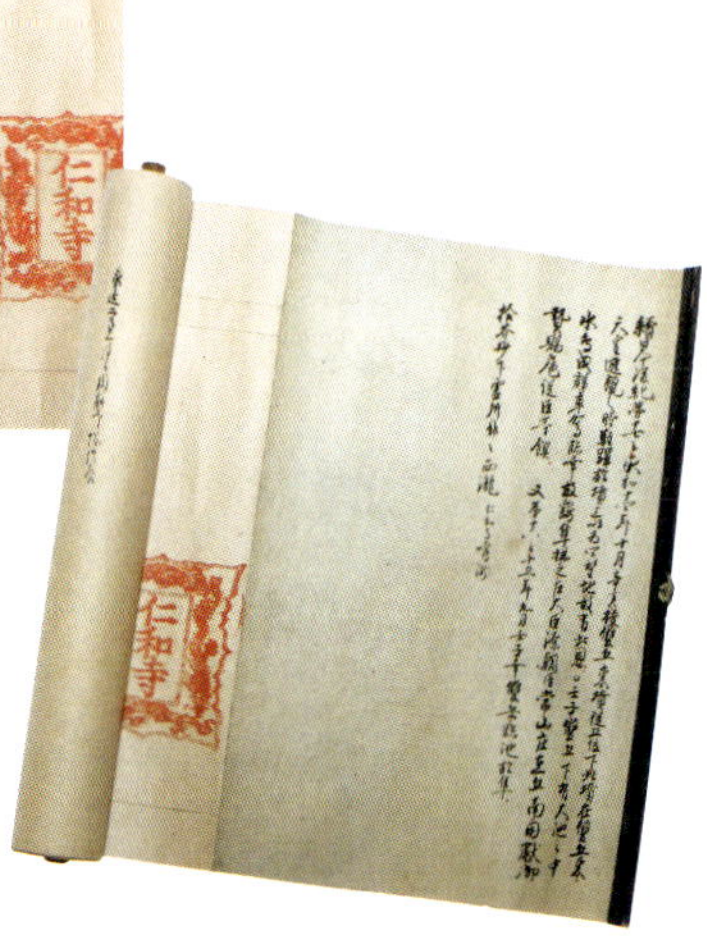

仁和寺諸院家記（顕證本）

1巻　紙本墨書　縦32.0cm　横835.0cm　江戸時代　（御経蔵）

仁和寺の各院家の草創・沿革を記したもので『一条記（『仁和寺諸堂記』か）』『三僧記類聚』『拾要詮』などを引用して書かれている。また院家のほかに御室御廟所や仁和寺別院、仁和寺直末寺についても記す。院家記は複数残されているが、本巻は顕證本。

顕證本は行間や紙背にも註記が加えられており、類本のなかでも最も詳細である。

貴族が出家する場合に入る院家がおおよそ決定していたようで、たとえば西院は王家（大覚寺統）、相応院は西園寺家、成就院は堀川家や洞院家といったように、各院家に入寺し院主となっている。これらは応仁の乱までの仁和寺の繁栄をも象徴していたのである。

仁和寺の組織と院家の役割

しかし、応仁の乱（一四六七～七七）により衰退した寺院も多く、寛永～正保年間の仁和寺再興時には、尊寿院や心蓮院などあわせて数寺院しか残らなかった。

江戸の再興後、仁和寺内には事務を司る坊官や諸大夫、寺侍らと、仁和寺の法流を相承し継承する役目としての院家の僧ら、大きく二つの組織で成り立っていたことが坊官の記録『御室御記（おむろぎょき）』に記されている。そこには、法流を守る院家僧や、その事務をまとめる坊官たちの姿が江戸時代を通じて記されている。

また『御室御記』には、仁和寺周辺の寺院との関わりについても書き留められている。たとえば、毎年神護寺や高山寺で行われていた聖教の虫払の立会いは、院家の輪番であった。院家と寺院の関わりは仁和寺外にも広がっていたのである。

広大な寺域に九十を超える院家が存在した最盛期の仁和寺

仁和寺の伽藍と諸院家復元図

原図：古藤真平
『仁和寺研究』第一輯（古代学協会、1999年）p.23図１より転載、許可を得て彩色

仁和寺の伽藍（①金堂、②円堂院、③観音院、④南御室）と四円寺（⑤円融寺のみ●、ほかは枠で囲む）、法親王が御所として用いた院家（北院と⑥～⑪、時代順）、それ以外の院家（⑫～㉜、五十音順と法金剛院・蓮華心院）を記す。

左下図は仁和寺再興ののち、仁和寺周辺に建立された院家の所在を示す。境内に六院家（院家町西地区、自性院・勝宝院・理証院の三院家は三筆の敷地を特定できず）、周辺に五院家（院家町東地区）が建立されていた。

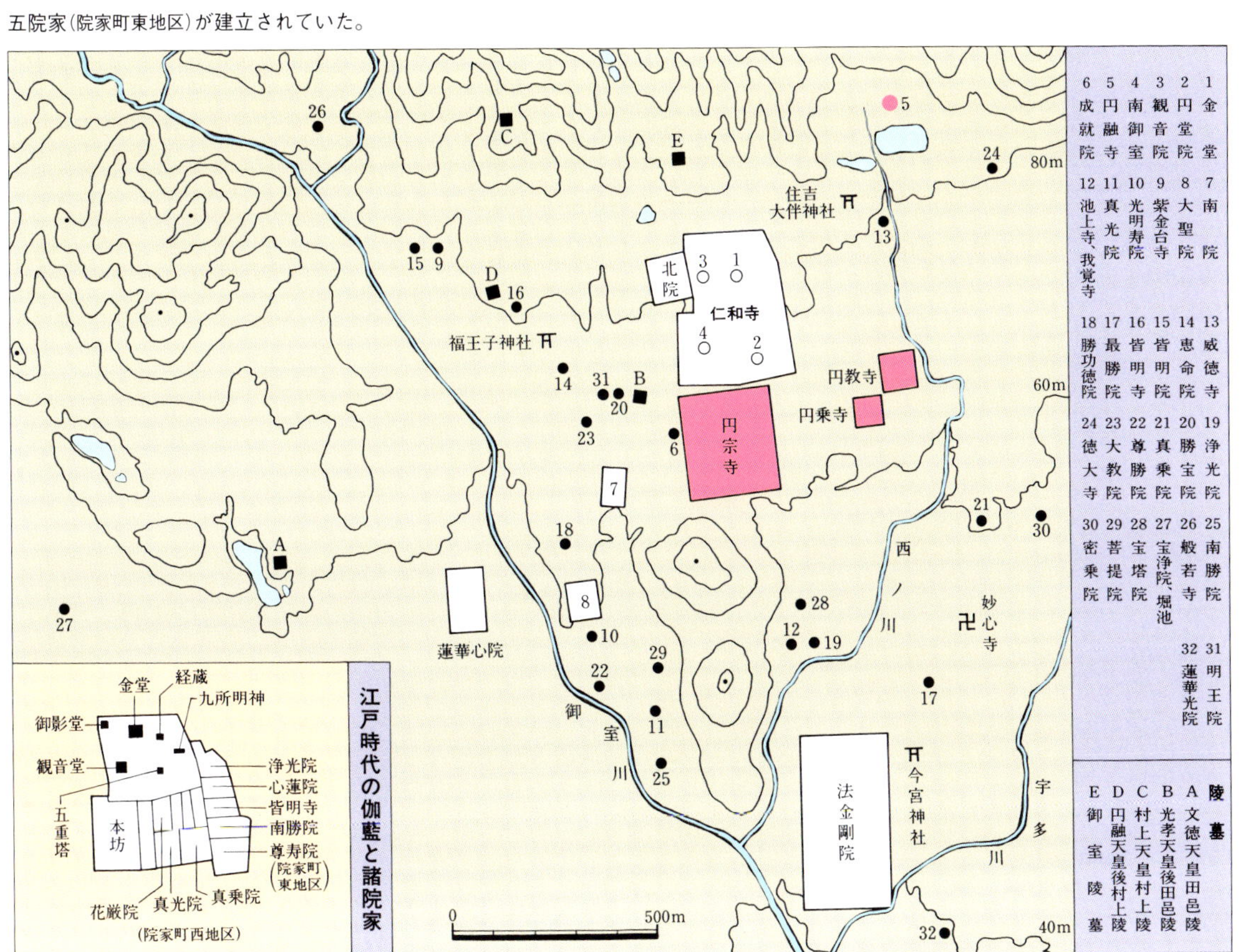

聖教箱　（塔中蔵）

院家の蔵書印について

仁和寺には数万点に及ぶ聖教・古文書類が残されている。これは仁和寺（御室）が所蔵していたものと院家が所蔵していたものが集められ、御経蔵・塔中蔵、二つの蔵に納められた。それらは、平安時代から現代まで大事に守られてきた証である。聖教類に捺された蔵書印からは、各院家の性格などを知ることができる。

一番多い蔵書印は仁和寺扁額印であるが、これは現在も寺内で用いられており、ある特定の時期に捺された可能性のある印と考えている。

院家で多くみられる印は真光院・心蓮院・真乗院である。興味深いことに、御経蔵においては真光院が多いが、塔中蔵になると断然心蓮院が多くなる。そして真光院は一時仁和寺本坊の機能を有していたことから天皇の宸翰（しんかん）（天皇の自筆の文書）といった貴重なものを有し、心蓮院は真言の聖教や教義のほかに、他宗派の聖教類の書写本なども膨大に所蔵、真乗院は江戸時代の中期から後期のものに多くみられる。院家の特徴が蔵書印にも見え隠れしているのである。ほかにも尊寿院や菩提院など、二十を超える寺院の蔵書印が残されており、これらの集積が、現在の仁和寺の蔵書に結びついているといえよう。

仁和寺扁額朱印　8.9×8.0㎝

仁和寺心蓮院朱印　各4.6×3.0㎝

仁和寺浄光院朱印
4.9×4.0㎝

仁和寺浄光院印　4.9×4.0㎝

（右）仁和寺真光院朱印　4.4×2.9㎝
（左）真光院朱印　4.4×2.0㎝

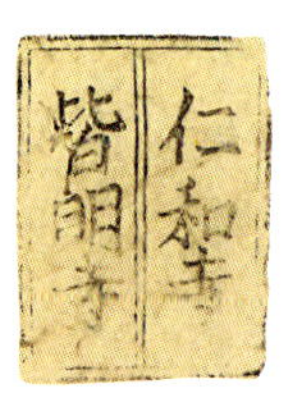

仁和寺皆明寺墨印
4.7×3.6㎝

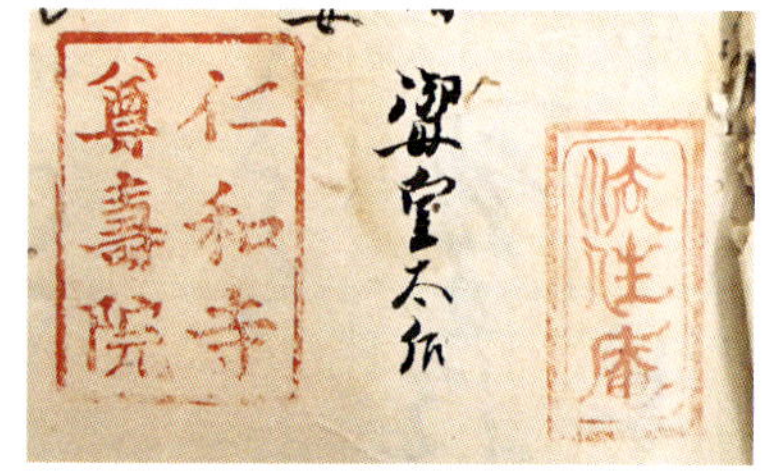

（右）法住庵朱印　4.5×2.3㎝
（左）仁和寺尊寿院朱印　5.1×3.5㎝

仁和寺文庫朱印
4.1×4.1㎝

仁和寺華厳院朱印
4.6×4.0㎝

※印の縮小率は約50％。

◎コラム

仁和寺と文学

学生時代に、『徒然草』に登場する、鼎に頭を突っこんで抜けなくなった僧の話で「仁和寺」の名を覚えたという人も多いのではないだろうか。あれは少し不名誉なエピソードだが、歴史ある寺の名は、『源氏物語』をはじめ数々の文学作品に花を添えている。

❖文学作品に、仁和寺はどのように描かれたか❖

仁和寺は古典文学にも多くみられるのではないだろうか。特に一三三〇年代に吉田(卜部)兼好が書いた『徒然草』には何度も登場するが、第五十二段、第五十三段は「仁和寺のとある法師」の話であり、第五十四段は「御室の僧坊」での話になる。ほかにも第六十・八十二・二〇八・二一八段にも登場し、真乗院や華厳院といった院家の僧正の話となっている。兼好は仁和寺を一括りにせず、院家とも区別をした上で『徒然草』を書いた。

紫式部が書いた『源氏物語』「若菜上」に登場する「西山なる御寺」は、注釈書(『河海抄』など)によると、創建時の名である西山御願寺にかけて仁和寺にたとえたものだという。さらに『保元物語』・『平治物語』・『平家物語』には、当時の仁和寺御室・守覚法親王というように、平安から鎌倉期の文学作品に、仁和寺は実にさまざまな形で登場しているのである。

古典文学を楽しむ方法は原文や注釈書を読む以外にもあるのではないか、読み方を少し変えるだけで新たな興味や発見が生まれるのではないか、と常々感じている。たとえば、『徒然草』の仁和寺僧の滑稽な話は、普段真面目な僧がするから面白いのであって、逆であったら決して書かなかったであろう。

また江戸時代、伽藍に植えられた桜「御室桜」は、染井吉野といった品種の名前ではなく、総称であるということはあまり知られていないのではないだろうか。御室桜の品種は主に「御室有明」である。鎌倉時代、後深草院二条が綴ったとされる『とはずがたり』に登場する人物「有明の月」は、仁和寺御室(法助)といわれている。有明という言葉が、時代を超えて用いられているところに、偶然を知り想像する楽しさがあり、これが古典文学を読む醍醐味の一つだと考えている。

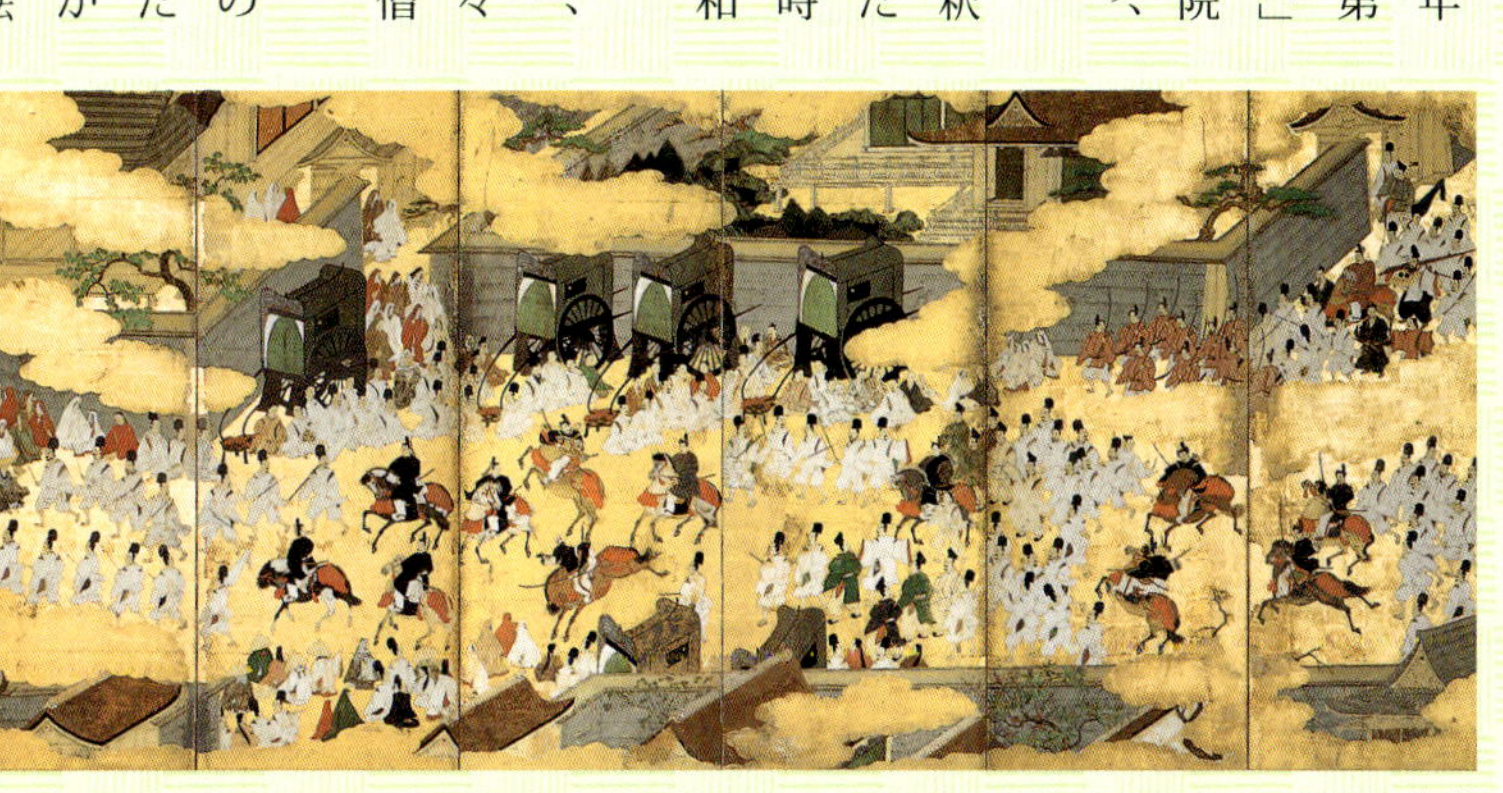

右隻

左隻

車争図

六曲屏風　一双　紙本金地著色　(各)縦162.6cm　横372.6cm　室町・江戸時代(16・17世紀)

本図は『源氏物語』第九帖「葵」の巻の一場面で、右隻に賀茂祭の行列を、左隻には六条御息所と葵上の車争いの場面を描くが、右隻と左隻の制作時代は異なる。右隻は『御湯殿上日記』の永禄三年(1560)部分に、正親町天皇(1517〜93)の下命により土佐光茂が描いたことが記されており、室町末期の宮廷絵所預であった光茂の作であることがわかる。左隻は光茂の下絵に基づきながら江戸初期に描かれたとされる。後陽成天皇(正親町天皇の次帝)の第一皇子が第二十一世覚深法親王であったことから、下賜された可能性がある。

特集一

仁和寺の名僧

仁和寺にとっての名僧とは、創建、再興に尽くした僧をはじめ、修法を極めた僧、法流を大成した僧、厖大な聖教類をまとめた僧、民衆のために霊場を開いた僧など、みな現在に通じる功績を残した僧である。

＊修養を積んだ門跡としての自覚が生んだ活動＊

仁和寺の名僧といえば、第一世宇多法皇をはじめ、第二世性信親王の弟子であった成就院寛助（一〇五七〜一一二五）らがいる。寛助は白河天皇（一〇五三〜一一二九）、堀河天皇（一〇七九〜一一〇七）、鳥羽天皇（一一〇三〜五六）から崇敬を受け、「法の関白」とも呼ばれていた。伝法の弟子は三十三人にものぼり、その内六人の弟子によって広沢六流が生まれたのである。

第六世守覚法親王（一一五〇〜一二〇二）は、広沢六流の内、覚性法親王を祖とする仁和御流を大成した僧であるが、広沢だけでなく醍醐寺の勝賢（一一三八〜九六）から小野流の法も受けており、小野・広沢両流を継承している。著作も莫大で『野決鈔』『左記』『右記』『北院御室御集』などがある。さらには書にも優れていた。

また孔雀明王を本尊とする修法、孔雀経法は、産生祈願をはじめ病気平癒、祈雨や天災回避などの目的で修されていたが、特に仁和寺においては「孔雀経法は広沢無双の大秘法なり」というように、秘法中の秘法であった。しかもその修法は主に法親王が行っており、その効験は素晴らしいものであった。守覚法親王や第九世道深法親王（一二〇六〜四九）は、それぞれ、高倉天皇（一一六一〜八一）、後嵯峨天皇（一二二〇〜七二）から孔雀経法の効験に対する感謝の消息が残されており、寛助同様、両法親王もまた天皇からの崇敬は絶大であった。

応仁の乱（一四六七〜七七）によって焼失した仁和寺伽藍の再興・整備に力を入れたのが、第二十一世覚深法親王（一五八八〜一六四八）であり、法親王を支えたのが顕證（一五九七〜一六七八）であった。特に顕證は再興に尽力しただけでなく、それまで仁和寺に伝来していた聖教や文書類の点検、修理なども行った。御経蔵をはじめ、黒塗手箱聖教や経蔵の一切経などがこれにあたる。

第二十九世済仁法親王（一七九七〜一八四七）は、当時四国八十八ヶ所霊場への巡拝が困難だった人々のために、文政十年（一八二七）に仁和寺の裏山、成就山に御室八十八ヶ所霊場を建立している。こちらもまた現存しており、当時の民衆を思う気持ちが現在にも伝えられているのである。

宇多法皇像

1幅　絹本著色　縦116.2cm　横61.1cm
桃山時代　慶長十九年（1614）

僧綱襟のある緋衣（九曜形菊花文）、遠山袈裟、宝珠文の横被を着け、右手に三鈷柄剣、左手に念珠を執り上畳に坐す姿を描く。箱底裏には「寛平禅定法皇御影箱　慶長十九年九月十九日御新調」の墨書銘があるため、画像の制作も同時期と考えられている。

覚深法親王像（かくじんほうしんのうぞう）

1幅　絹本著色　縦111.6cm　横63.6cm
江戸時代

後陽成天皇（1571～1617）の第一皇子。慶長六年（1582）三月、真光院に入寺。寛永十一年（1634）には三代将軍徳川家光（1604～51）に仁和寺再興を申し入れ、援助の承諾を得たことで知られる。また高山寺の聖教を整理し新目録を作成するなど、仁和寺外でも功績を残している。

（左上）顕證上人像（けんしょうしょうにんぞう）

1幅　絹本著色　縦80.5cm　横31.3cm　江戸時代

顕證は仁和寺心蓮院の僧。寛永～正保年間（1624～48）の仁和寺再興をはじめ聖教の整備などに尽くした。晩年の居所から法住庵上人、一音坊とも呼ばれた。『顕證上人伝』によれば、顕證は常に練行を怠らず、暑くとも袈裟を離さず、極寒でも筆を手から離さなかったと記されている。それを示すように顕證が残した聖教、記録類は膨大かつ貴重である。

（左下）済仁法親王像（さいにんほうしんのうぞう）

1幅　絹本著色　縦115.3cm　横64.4cm　江戸時代

済仁法親王は、文政十年（1827）に仁和寺北側の成就山に御室八十八ヶ所霊場を開設したことで知られている。法親王は和歌にも秀でており、御経蔵内の詠草箱には百首を越える和歌が残されている。

第二章

宝物からみた古代・中世の仁和寺

門跡密教寺院の仁和寺は、平安時代の密教仏をはじめ、仏画、図像集など、密教美術の宝庫といわれている。秘法にまつわる中国からの請来品も含め、いずれも密教研究に欠かせない一級の文化財である。

本尊阿弥陀如来三尊像は
創建時から信仰の中心

阿弥陀三尊像

３躯　木造・漆箔
像高　中央〈阿弥陀如来坐像〉89.5cm　右〈観音菩薩立像〉122.7cm　左〈勢至菩薩立像〉123.8cm
平安時代（９世紀）　国宝

仁和四年（888）供養の仁和寺金堂本尊。阿弥陀は、左右人差指を背中合わせに立てる弥陀定印を組む。檜の一木造で、胸から左脇にかけ乾漆を盛上げ、高い肉髻や切れ長の目は平安前期の密教仏の特色をよく示すが、全体に醸す穏やかさは、西方浄土の仏ならではのものか。観音と勢至菩薩は、中尊と同様の容貌・体軀表現をみせるが、頭上に化仏、水瓶を表す通常の形をとらないので、どちらを観音、勢至とするか説が一定しない。

なお脇侍像の宝冠は金銅製で、薄い銅板を透彫りし細部を打出して立体感を出す。図様や鏨彫りの作風は江戸時代初期の特色を示し、内裏紫宸殿を移建し金堂とした際にととのえたものとみてよい。

1 本尊阿弥陀如来と密教の浄土教

密教空間のなかでの浄土信仰

宇多天皇は、仁和三年（八八七）に崩御した光孝天皇を弔い山陵を荘厳するため、仁和寺を造営した。同四年八月十七日に、阿弥陀如来坐像を本尊とする金堂の供養と先帝一周忌が合わせて執り行われた。この時の導師は真言宗・東寺の長者真然（？～八九一）が勤めたが、二年後の寛平二年に仁和寺初代別当として、年分度者二人を得て先帝聖魂回向のため「弥陀真言等」を念持させたのは、のち延暦寺別当にもなる天台僧の幽仙（八三六～九〇〇）だった（寛平二年十一月二十三日付太政官符）。

このように、仁和寺では当初より本尊阿弥陀如来を奉じた先帝回向の法会が、真言・天台両宗の密教環境のなかで進められた。仏像の様式研究から、現本尊と脇侍観音・勢至菩薩像が当初像と認められている。現世利益の祈祷の側面が強い密教でも、亡者回向の浄土教的意味合いを強く含む阿弥陀法が平安時代前期から行われたことが知られるのである。

阿弥陀浄土の信仰は、『観無量寿経』と同経の内容を図化した浄土変相図などが、奈良時代から広く受け入れられていた。そのような顕教の浄土教に対し、空海・最澄やその弟子たちが請来した金剛・胎蔵両界の密教のなかで、阿弥陀は西方の無量寿如来として説かれる。

仁和寺本尊のごとき偏袒右肩で定印を組む姿の阿弥陀像は、宇治平等院鳳凰堂の定朝作像など平安中期以降に定着をみる。密教の曼荼羅に図像を求めると、宇多天皇の時に作られた宮中真言院御修法曼荼羅と祖本を同じくする東寺西院曼荼羅（伝真言院曼荼羅）の金剛界の阿弥陀と同じであり、時代性を鑑みても典拠がこの辺りにあった公算が大きい。ただ脇侍の観音・勢至菩薩は、それとは別の典拠をもとに組み合わせられたものであろう。

なお天台宗では最澄の開宗時から、顕教と密教を双修し、教理面でも顕密一致を志向する宗風なので、別当幽仙は夜座の弥陀真言とともに、昼座に宇多天皇の宝祚延長を願い『金光明経』・『法華経』転読の顕教法会を勤めさせた。現存の増長・多聞二像を含む四天王像は、阿弥陀三尊を守護するとともに『金光明経』の教説に添う国体鎮護の願意が込められていたはずである。

増長天

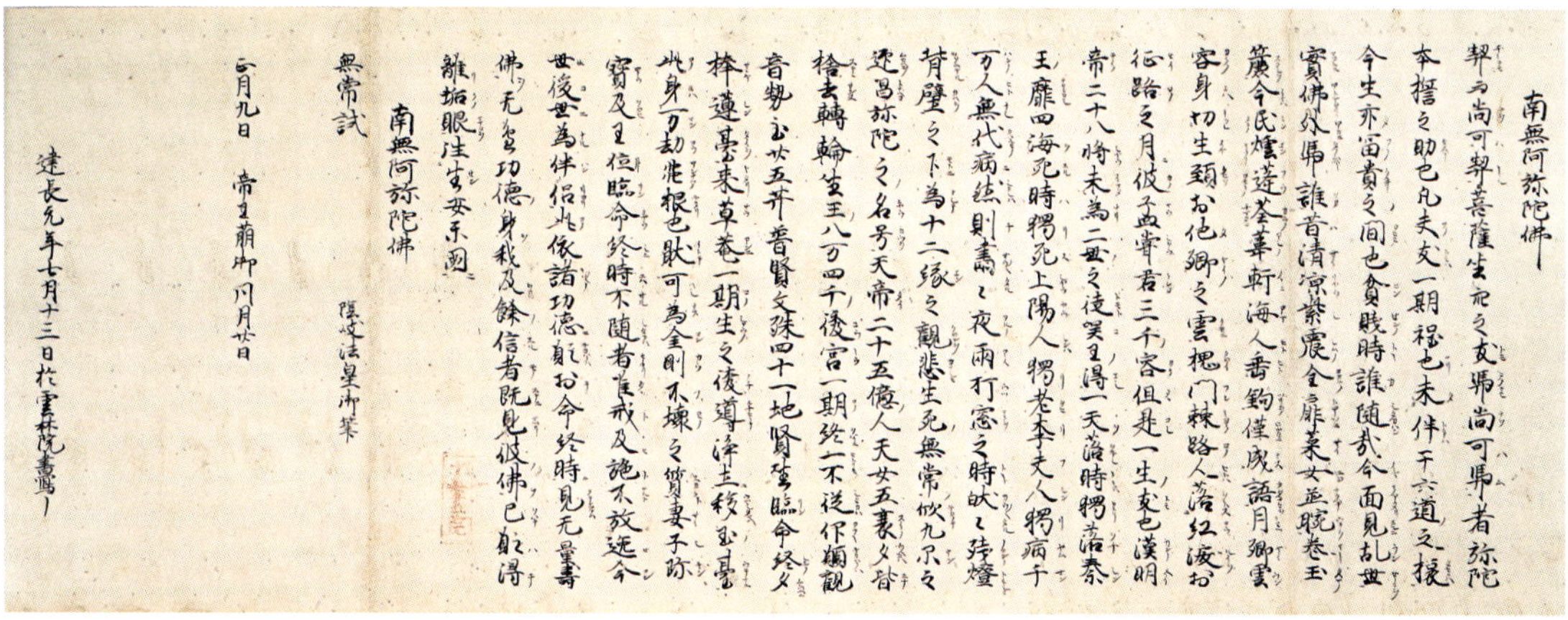

無常講式　後鳥羽天皇作

１巻　紙本墨書　縦29.4㎝　全長228.4㎝
鎌倉時代　建長元年（1249）　重文　（塔中蔵　心蓮院伝来）

承久の乱（1221年）に敗れ隠岐に流された後鳥羽上皇（1180～1239）が、のちに配所での心情を背景に撰述したものらしい。阿弥陀浄土を観想する一方で、五道六道の苦を厭い、無常を念じ阿弥陀如来の名号を称えて往生を願うことを勧める。中国天台宗の祖、智顗の『摩訶止観』からの引用もみえ、総体に天台浄土教の思想を基とする。上皇崩御後間もない建長元年（1249）に、京都紫野の天台寺院雲林院で書写された旨の奥書がある。塔中蔵聖教の心蓮院に伝わった１巻で、創建時から顕・密の浄土思想の影響が強かった仁和寺の寺風を偲ばせる。

ずんぐりとした体形に
力をみなぎらせ仏法を守る

多聞天

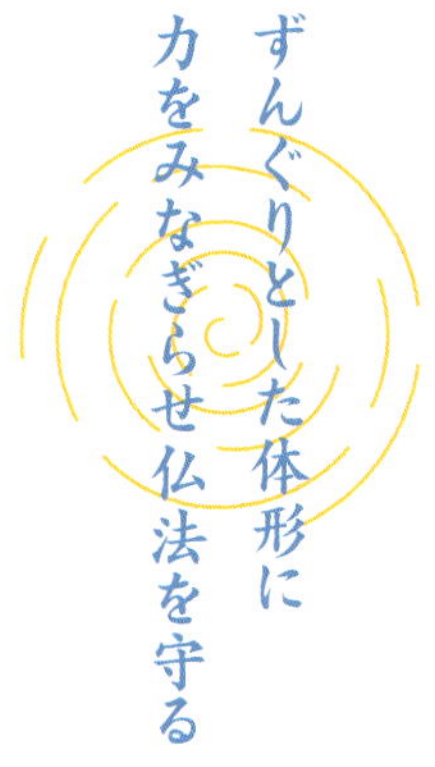

増長天立像・多聞天立像

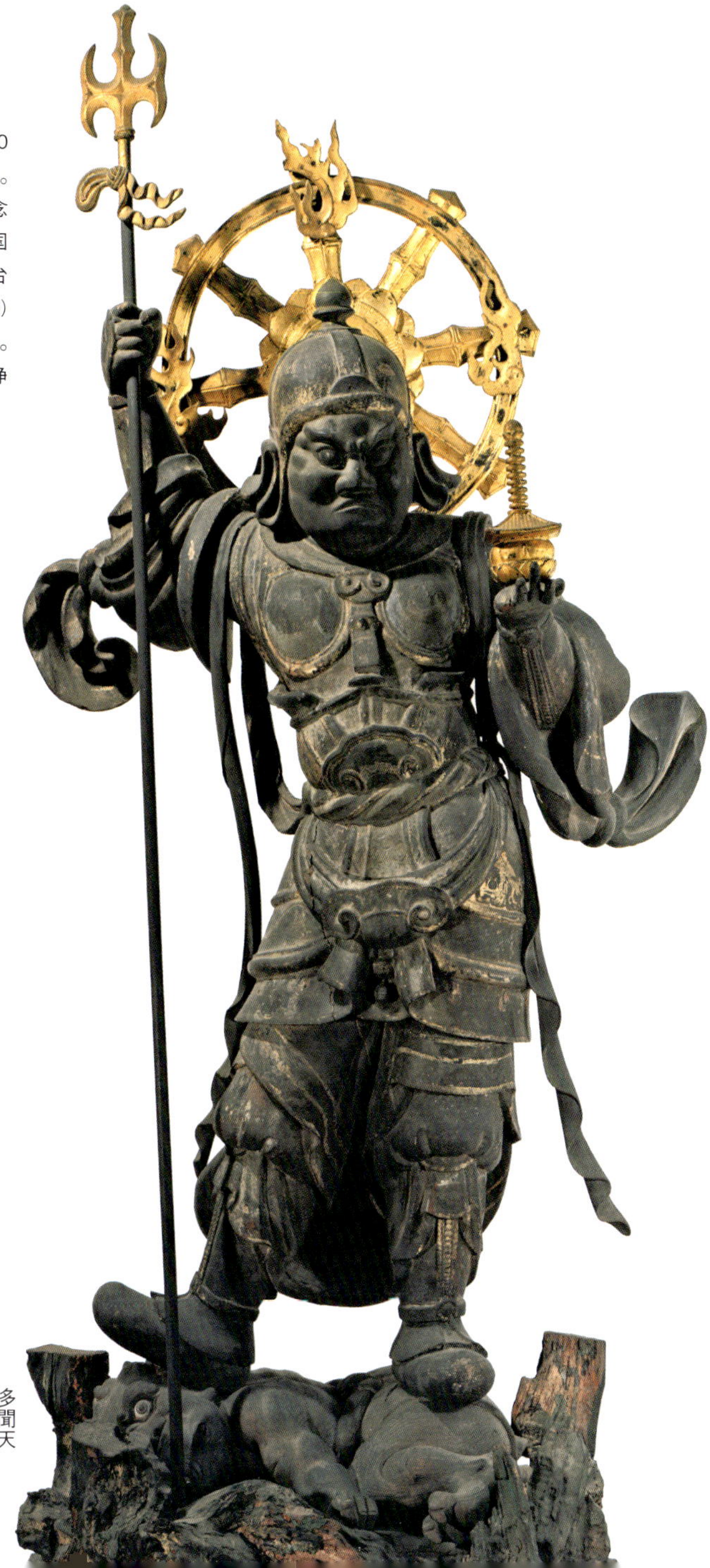

２軀　木造・彩色
像高〈増長天〉108.2㎝　〈多聞天〉109.1㎝
平安時代（９世紀）　重文

金堂本尊、阿弥陀三尊像（国宝）の四方を護った四天王のうちの増長天・多聞天とみなされる。増長天は左手に戟、右手に剣を持ち、多聞天は左掌に宝塔を戴き、右手に戟を執る（持物はいずれも後補）。

榧とみられる一木で頭から邪鬼までを彫出し内刳を施さない、いたって古様な製作法で、頭部を大きめに作り、いささかずんぐりとした体軀の姿も、９世紀末の阿弥陀と同時期のものとみる証左となる。肉身や着衣の彩色も造像当初のもの。

2 門跡密教寺院の仏と儀礼

第一世以前から伝わる薬師如来像

宇多天皇の信任厚く延暦寺別当も兼ねた幽仙は、昌泰三年（九〇〇）に坂本で頓死し、真言僧の観賢（八五四～九二五）が別当を継ぐ。その前年に東寺長者益信（八二七～九〇六）を戒師として落飾した宇多法皇は、延喜四年（九〇四）に自らが住まう僧坊、御室を建立し、ここに真言密教寺院としての歴代御室の歴史が始まった。仁和寺に中世以前の密教彫刻や絵画、法具類が多数伝えられる所以である。

宇多法皇の法脈は、寛空→寛朝→済信と、真言宗の高僧が相承する。治安三年（一〇二三）に、済信から伝法灌頂を受けた第二世性信親王（大御室、一〇〇五～八五）が師（済信）の住坊だった北院に入り、以後、ここが歴代御室の本坊となった。この頃から北院の本尊として、空海請来と伝える薬師如来像が祀られていた。現存

後屏や台座に至るまで繊細な細工が密に施され
小さい像ながら本尊としての力を放つ

薬師如来坐像

1軀　木造・素地・截金　像高10.7㎝
平安時代　康和五年（1103）　国宝

仁和寺北院では、本尊の白檀製薬師如来坐像が焼失をみたので、康和五年に本像を同じ檀像で再興した。仏師は定朝の弟子、法印円勢と長円。一具の頭光に七仏薬師、方形後屏に日光・月光両菩薩、台座に十二神将を半肉彫りし、截金で表した地文様が光彩を放つ。後屏裏面の薄肉彫り宝相華唐草文は、平等院鳳凰堂の定朝作阿弥陀如来坐像の光背・天蓋のそれを受け継ぎ、さらに繊細さを増す。北院は明治二十年（1887）に焼失したが本像は無事で、霊明殿の本尊として今日に伝わる。

【北院本尊の薬師如来像】

本文でも述べたように、北院には、空海請来と伝える薬師如来坐像が祀られていた。延久四年（一〇七二）に性信が白河天皇の東宮の疱瘡回癒のため薬師法をここで修したことが知られ、二年後の承保二年の日蝕に対して行った修法も薬師を本尊としていたとみられる（『後拾遺往生伝』入道二品親王伝）。

永保二年（一〇八二）の北院供養願文（『江都督納言願文集』）に、件の薬師如来は白檀製で六寸、光背に七仏薬師と日光・月光菩薩、台座に十二神将が彫り表されると記す。康和五年（一一〇三）の北院火災後に新造された現存の薬師如来坐像（右上）も、そ

の国宝「薬師如来坐像」は、康和五年（一一〇三）の復興像だが、厄災消除に絶大な力をもつとされた七仏薬師を頭光に表し、天皇家安泰と国家鎮護の祈祷が本坊で日々営まれたことを想像させる。

仁和寺独自の二つの修法

仁和寺を最も特徴付ける修法が孔雀経法である。天変地異の防除から天皇中宮の懐妊まで、その功力は広く世に知られた。国宝『御室相承記』（→9頁）には、第七世道法法親王（一一六六〜一二一四）まで歴代が、頻繁に孔雀経法を修したことを記す。空海の伝えた孔雀明王像が本尊として掛けられたが、中国からも画像が舶載され、仁和寺には宋代のきわめて貴重な国宝「孔雀明王像」（→28頁）が伝わる。

さて真言宗では、空海が請来した舎利（釈尊の遺骨）への信仰が元々篤かったが、平安時代後期、十一世紀前半の醍醐寺周辺で、舎利と如意宝珠（意のままに願いをかなえる宝珠）を同体とみ、舎利を込めた宝珠を祀る修法が始められた。仁和寺には、まさにこの時期に宝珠を納めるため作られた国宝「宝相華蒔絵宝珠箱」（→30頁）が伝わる。早くは第四世覚法法親王（一〇九一〜一一五三）が、大治三年（一一二八）に室町壇所で宝珠を本尊とした如法愛染王法を行い、半世紀ほどのちに第六世守覚法親王（一一五〇〜一二〇二）も、醍醐寺の勝賢（一一三八〜九六）から伝法を受け、同法を積極的に修している。

薬師如来十二神将像

1巻　紙本白描　縦29.4cm　全長343.0cm
平安時代　仁安三年（1168）　重文

薬師如来とこれを信仰する人々を守護する十二神将の白描図像集。『薬師如来本願功徳経』に説く十二大願に応じ、十二支に配当されて各方角を護る。巻末に「仁安三年八月十二日、大法房本を以て之を写し了んぬ」と記す。大法房は勧修寺の大法房実任（1097〜1169）で、同内容の鎌倉時代写本を醍醐寺が伝えることからも、祖本は小野流で参照されたものらしい。対する広沢流を汲む仁和寺でも、積極的に薬師関連の図像を収集したことが窺える。

の特徴を踏襲する。

北院薬師如来に近い作例として、洛西の天台宗寺院、勝持寺に伝わる白檀製薬師如来小坐像がしばしば取り上げられてきたが、光背に表す薬師は六尊で、頂上仏は大日もしくは釈迦如来像である。それに比べ現存薬師像は、頭光に明確な七仏薬師を大きく彫りめぐらしている。日光・月光菩薩と十二神将を規定した『薬師如来念誦儀軌』には七仏薬師が見えず、現存像の光背の七仏薬師には特別な意図が込められた可能性がある。

平安時代半ばから、宮廷や摂関家の間で、病気平癒や厄災消除の効験が絶大な七仏薬師への信仰が高まり、それを喧伝したのは台密・比叡山の高僧たちであった。康和五年の薬師如来の新造にも、そのような天台宗の動向が影響していたのかもしれない。

それはともかく仁和寺には、平安後期に勧修寺大法坊実任が書写した「薬師如来十二神将像」や、室町時代に描かれた「薬師如来十二神将像」など、薬師に関する絵画や白描図も少なくない。阿弥陀とともに薬師への信仰に傾注するという、真言寺院のなかで特異な寺風は、宮廷関係者の個人的な願意に添った修法を日々行った歴代御室の存在によるところが大きいといえようか。

愛染明王坐像

1軀　木造・彩色　像高53.4cm　平安時代(12世紀)　重文

頭上に獅子冠を被り、忿怒相に三目六臂、すなわち両眼の上、眉間にも一眼を表し、6本の腕をもって各々に金剛鈴などの持物を執る。頭体部を一木で作り割り放って、腕や膝を組み合わせる割矧造により、体軀を赤く彩色する。怪異ななかにも穏やかな雰囲気を漂わせて、平安後期の希少な作例とわかる。その名のとおり、愛欲の煩悩を絶つ仏で、男女和合や子の誕生を願う敬愛法、増益法の本尊として信仰された。

不動明王像・四大明王像

３幅　絹本著色
中幅〈不動〉縦156.3cm　横78.1cm
左幅〈降三世・軍荼利〉縦160.5cm　横64.2cm
右幅〈金剛夜叉・大威徳〉縦159.4cm　横63.9cm
室町時代（15世紀）

現在は別箱に入るが、もとは一具の五大明王の掛幅である。五大明王像は、重要な密教修法の道場に掛け並べ、康平八年（1065）に創始された禁中の五壇法本尊とされた。仁和寺でも、第五世覚性法親王が応保二年（1162）に禁中でこれを修したことが知られる。本品は、絵絹がやや粗く室町時代の作と判断されるが、本来の図様を迫真性をもって踏襲する。軍荼利明王の持仏のうち斧戟が索に替る図は円珍請来様にもみられ、仁和寺に散見する天台系図像の一例といえる。

密教図像のうち　唐本密菩薩像

１面　紙本白描　縦56.6cm　横28.0cm
平安時代（12世紀）　重文　（塔中蔵）

平安から鎌倉時代にかけ描かれた図像17点が「密教図像」と一括され伝わる。包紙に「石山寺自性院」とあり、ある時期に石山寺から入った。掲出像は題辞に「唐本」とあるように、中国請来図像を写したもの。修法に通用でない個別の尊格の請来図像も、積極的に収集されたことが窺える。

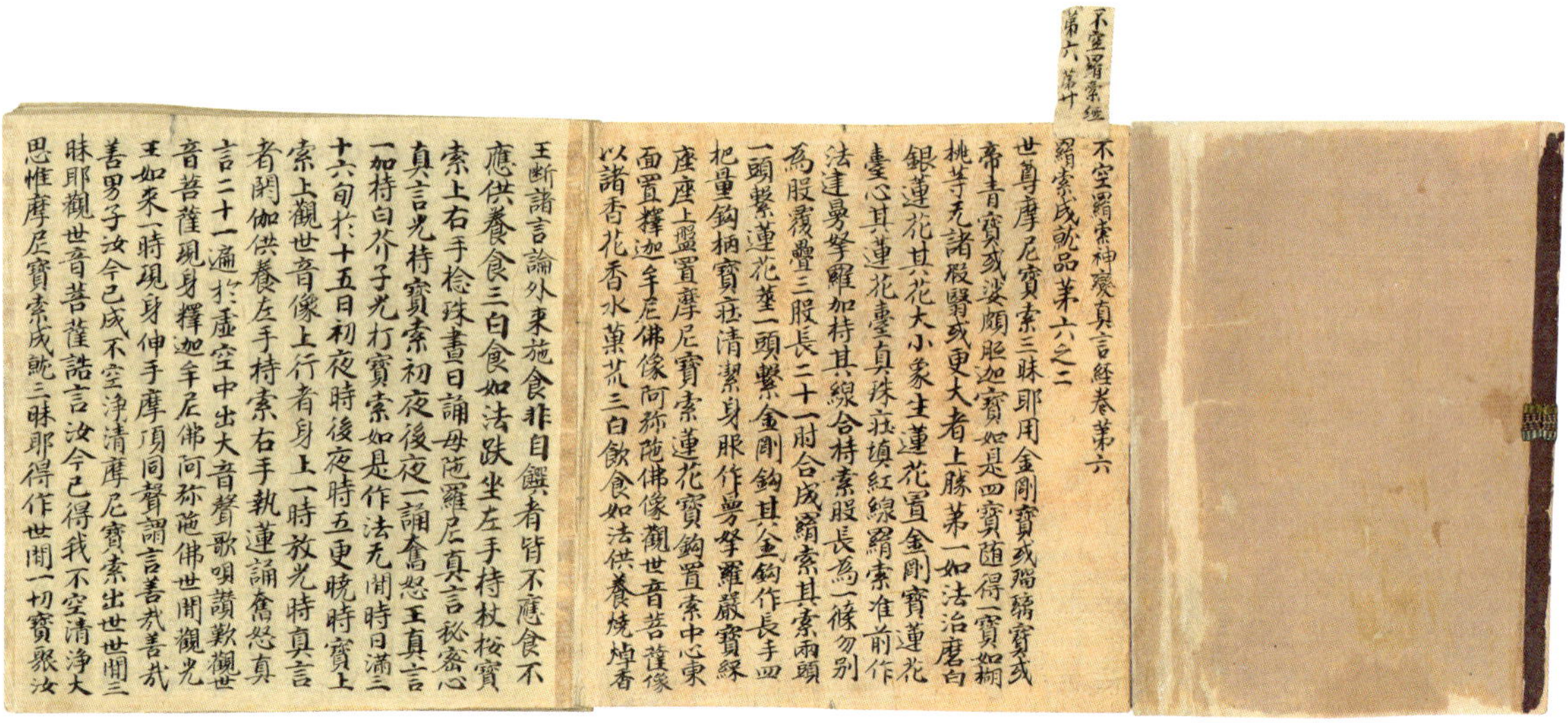

第十四帖　首

三十帖冊子

30帖　紙本墨書　縦12.8〜15.8㎝　横14.1〜18.7㎝
平安時代(9世紀)　国宝

空海が延暦二十三年(804)から大同元年(806)までの入唐中に、長安・青龍寺の恵果らから伝受相承した密教経典・儀軌を書写し持ち帰ったもの。空海と同じく入唐した橘逸勢の書と伝える部分も含む書道史上の至宝で、粘葉装(紙を二つ折りした背を糊付けする綴じ方)の最古の冊子本としても知られる。第十四帖の空海自筆目録によれば、もとは38帖あった。東寺から一時高野山に出て、再び東寺の秘宝として護持された。文治二年(1186)、第六世守覚がこれを借覧し、以来、仁和寺経蔵に収められることとなった。

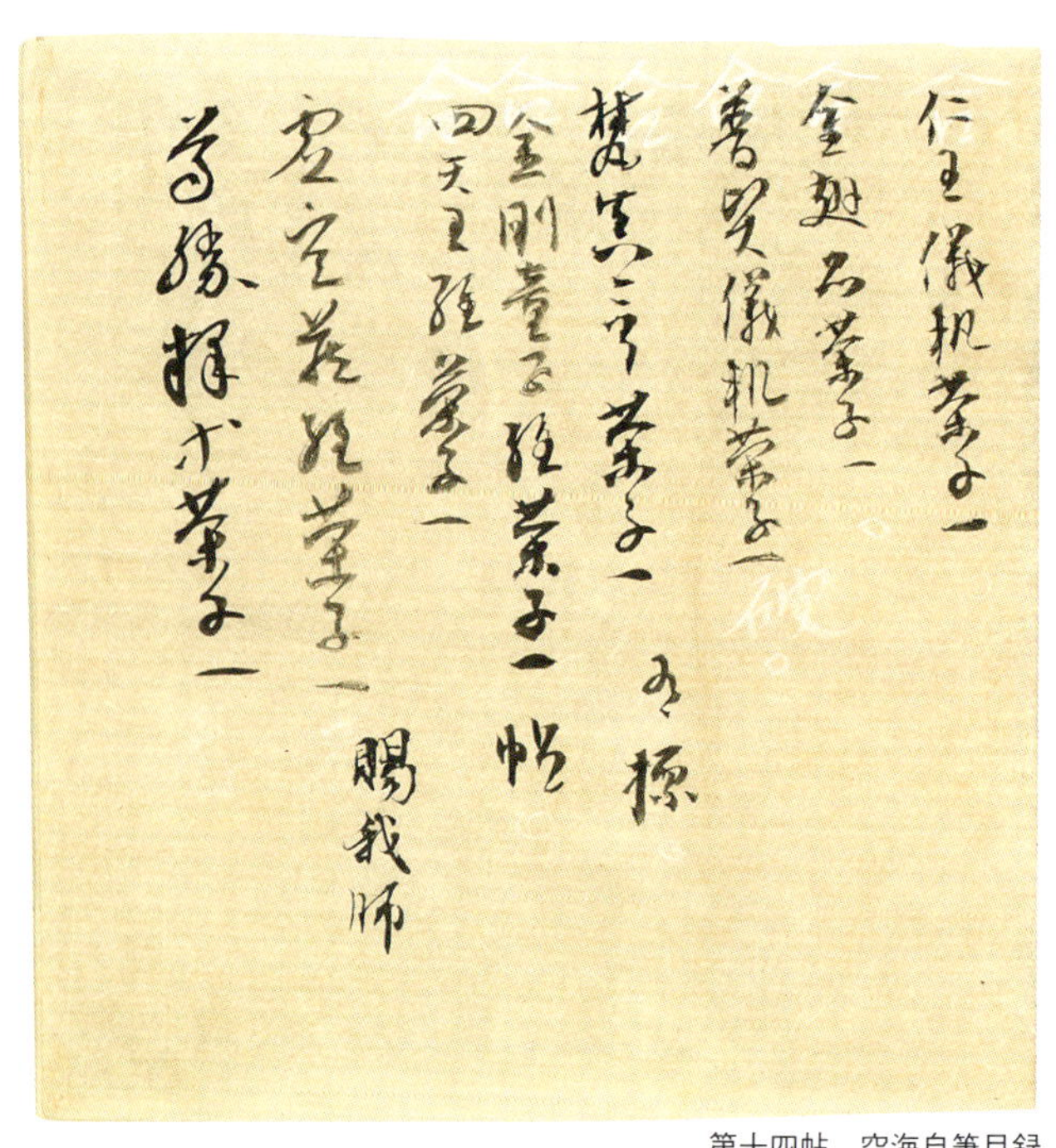

第十四帖　空海自筆目録

空海が請来したといわれる日本最古の冊子本
空海が寝食を忘れて書写した部分も

<ruby>宝相華迦陵頻伽蒔絵冊子箱</ruby>

ほうそうげかりょうびんがまきえさっしばこ

1合　黒漆塗・蒔絵
縦37.0cm　横24.4cm　高8.3cm
平安時代(10世紀)　国宝

三十帖冊子の箱で、蓋に「納真言根本阿闍梨空海　入唐求得法文冊子箱」と蒔絵される。東寺蔵の『東宝記』に、「三十帖策子を納めた革筥」が延喜十九年(919)に下賜されたとあるが、本品は素地が塞(そく)と呼ばれる、麻布を漆で重ねた乾漆製で、「革筥」ではない。しかし金銀の研出(とぎだ)し蒔絵で表された宝相華は、天暦十一年(957)年銘の法隆寺伝来如意(東京国立博物館蔵)に彫金された宝相華に近く、『東宝記』記載の下賜品とみても差し支えないか。

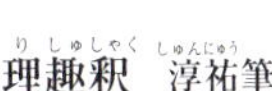

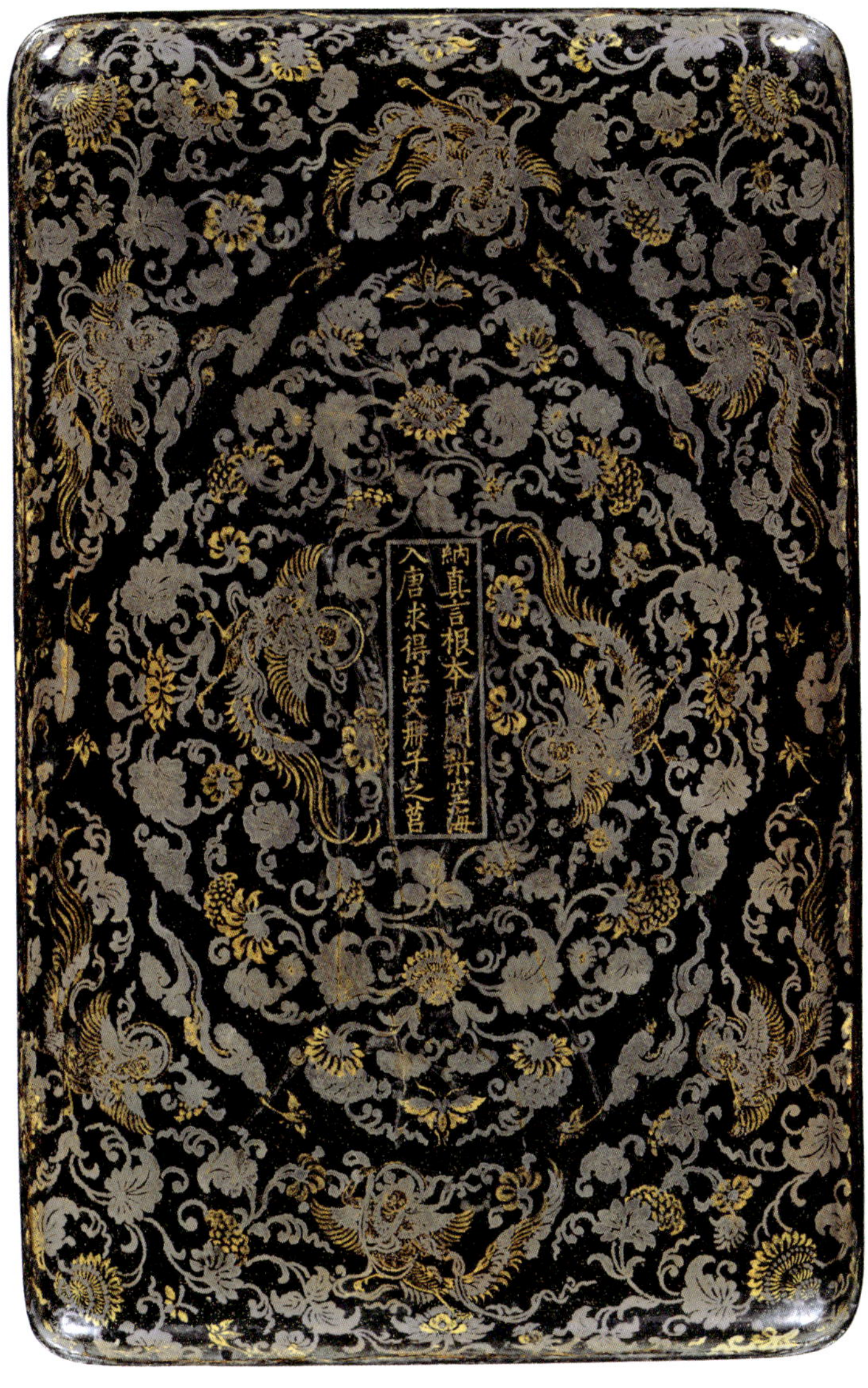

理趣釈(りしゅしゃく)　淳祐(しゅんにゅう)筆

1巻　紙本墨書　縦26.8cm　全長1035.9cm
平安時代　延喜二十年(920)　重文

『理趣経』ともいい、人間の欲望を肯定し超越して悟りに至ることを説き、真言密教で特に重視される経典。本巻の奥書に、延喜二十年に淳祐(890〜953)が書写した旨を記し、平安時代前期まで遡る『理趣経』写本として、すこぶる価値が高い。淳祐は石山寺の第三代座主(ざす)となった高僧。高野山で入定した空海の膝に触れ、その香気が移った手で書写した「薫聖教(においのしょうぎょう)」なる自筆の聖教類(国宝、石山寺蔵)で知られる。

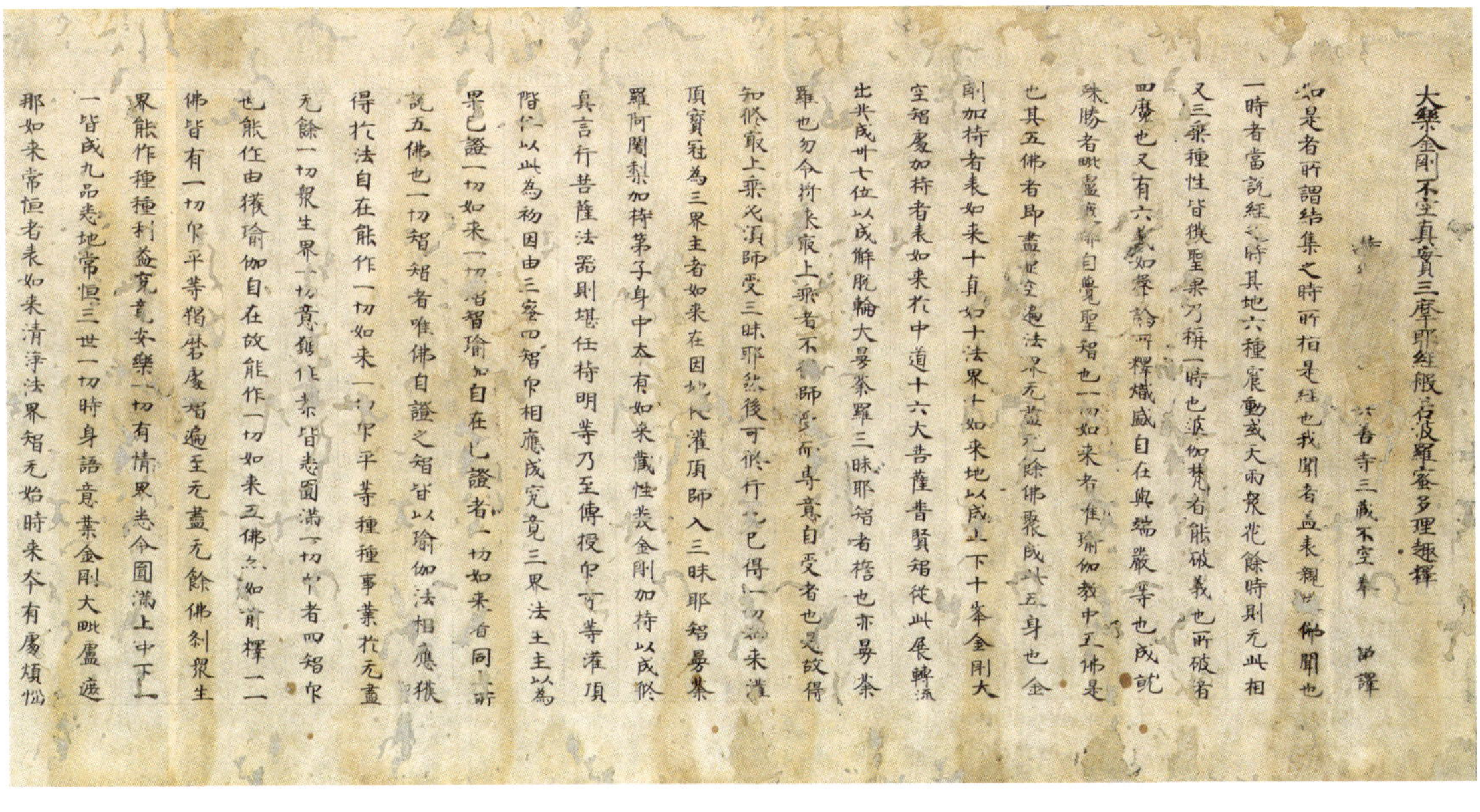

秘法・孔雀経法の神秘的な本尊
あやしいまでに美しい

孔雀明王像

1幅　絹本著色　縦168.8cm　横103.3cm　中国・北宋時代(11〜12世紀)　国宝

仁和寺の歴代御室が修した孔雀明王法の本尊。本義では弘法大師の本尊幅を用いたが、それとは別に唐本も舶載、施入された。本像は北宋に遡る貴重な遺例。孔雀に乗り来臨した三面六臂(6本の腕)の姿は特に唐本の特色とされ、寺内で「極神秘なる本尊」といわれた。顔や装身具、孔雀の細部に至るまで、色彩の諧調を微妙に変えつつ描き込む写実性と、金泥による線描写の荘厳性があいまって、拝する人に幻惑に近い強い印象を与える。

巻中

仏母大孔雀明王経

２巻　紙本墨書
〈巻中〉縦27.0㎝　全長1290.5㎝　〈巻下〉縦27.0㎝　全長845.4㎝
平安時代(9世紀)　重文

唐の不空が漢訳した孔雀明王法の所依経典。毒蛇にかまれた比丘が仏母孔雀明王大陀羅尼を誦して救われた本縁を語り、息災・増益や請雨などの効験を説く。３巻のうち中・下巻が現存し、大振りな筆致は平安時代初期の書写とされる。包紙の裏に、本経が弘法大師筆で鳥羽院の御護経だったと記し、焼損跡があるのは陽明門院御所の炎上にかかると伝える。

孔雀明王同経壇具等相承起請文

１巻　紙本墨書　縦34.5㎝　全長117.0㎝
平安〜鎌倉時代(12〜13世紀)　重文

歴代御室のなかでも孔雀経法を重視した第四世覚法(高野御室)が、仁平三年(1153)に、御室相承の本尊大孔雀明王像と同経および壇具を北院より出すことを禁じた起請文と、ほぼ同内容で、第七世道法、第八世道助、第九世道深の各法親王の起請文、計４通が１巻にまとめられている。

【仁和寺御室の孔雀経法】

仁和寺では、歴代御室が孔雀経法なる密教秘法を半ば独占的に修して、効験絶大なることが聞こえていた。『御室相承記』によれば、第二世性信(大御室)代に十七度、第三世覚行(中御室)代に十度、という具合に、ほかの修法に比べ回数も抜きん出ている。

孔雀が毒虫を食するように、仏母孔雀明王大陀羅尼を念誦すれば、さまざまな厄災や人々の苦痛が消除されると『仏母大孔雀明王経』はその功徳を説く。特に龍王の利益が強調され、干天時の請雨の効験は絶大という。『御室相承記』は、各々の孔雀経法の目的を逐一記録しており、宮廷・公家の期待が奈辺にあったか、つぶさに知ることができる。

孔雀経法の印や真言などは『大孔雀明王画像壇上儀軌』に規定する。しかし実際の孔雀明王の画像は、北院の大師本尊を寺内のみで用い、願主の如何にかかわらず本尊を外へ持ち出すことは固く戒められた(『孔雀明王同経壇具等相承起請文』)。

その一方で、新たな孔雀明王像も追加されたらしい。仁和寺初期、早くも藤原道長(九六六〜一〇二八)が、北院に住した済信(大御室の師)へ唐本を施入したが、後世の修法で焼失したと『別尊雑記』は記す。大師本尊と並んで、唐本を用いる孔雀明王法も重視されたことが窺え、北宋で描かれた国宝・孔雀明王像が、仁和寺でも別格の秘宝として今日まで守り伝えられてきたのも必然といえよう。

宝相華蒔絵宝珠箱

1合　木造・漆塗・蒔絵　縦20.6㎝　横20.6㎝　高15.5㎝
平安時代（11世紀）　国宝

被蓋式の箱で、承久三年（1221）の付属文書や寺伝から如意宝珠を納めたことがわかる。細かな金粉を厚く蒔いた平塵地に、金銀粉を蒔いて研出した宝相華の図様が11世紀前半の延暦寺蔵・金銅経箱のそれに近い。小野流の範俊に伝法を受けた第四世覚法が、仁和寺で宝珠を奉じて如法愛染王法を始修したのは大治三年（1128）のことで、それより製作時期が大幅に遡りそうなこの箱は、当初範俊のもとにあり、宝珠とともに伝授された可能性も考えうる。箱内に立てたらしい板製彩絵の四天王像も伴い、宝珠が大切に護られたことを物語る。

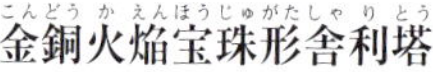

金銅火焔宝珠形舎利塔

1基　銅鍛造・鋳造、鍍金　高52.5㎝　台径28.5㎝
鎌倉～南北朝時代（13～14世紀）　重文

舎利と宝珠を同体とみ、舎利を込めた如意宝珠を奉じた修法は、11世紀頃から醍醐寺周辺の僧らが始めたとされる。仁和寺でも、覚法や守覚らがこれを受け伝えた。そのような伝統から、本品のごとき宝珠形の舎利塔が作られた。本品は巨大な金銅製の宝珠を象り、蝶番で基台と連結している。舎利を封ずる宝珠という意識がより大きかったのかもしれない。側面には「譬如寶珠　安於宅中　辟除災難　七寶現前」と、願意を刻む。

仁和寺にのみ伝わる
如意宝珠の秘宝にまつわる宝物

部分

宝珠羯磨文様錦横被

1肩　絹・錦　縦198.8cm　横79.4cm
鎌倉時代(12～13世紀)　重文

九条や七条の袈裟を左肩から着用した際、一方の右肩を覆うのが横被である。紅蓮の火焔を背にした三面宝珠と蓮台を、中央を境に天地逆に整然と配して、紺地には密教修法の壇を安鎮する羯磨を表している。本品は第二世性信の所用と伝えるが、三面宝珠は真言密教で如意宝珠への信仰が高まった12世紀以後に一般化した意匠で、紅と紺の鮮烈な配色などからも、鎌倉時代初め頃まで下降させて考える向きが強い。とはいえ、中世前期まで遡るごく希少な袈裟の作例であることは間違いない。

【如意宝珠の秘法と仁和寺御室】

仁和寺に伝わる蒔絵の箱(右頁上)は、宝相華の図様から平安時代、十一世紀の作と判断されるもので、中に舎利を込めた宝珠を納めていた。孔雀経法をはじめとする歴代御室が勤めた密教修法には、当初このような宝珠を用いたものはなかった。

願いを意の如くかなえる効験をもつ如意宝珠を奉じた修法については、小野曼荼羅寺(随心院)の範俊(一〇三八～一一一二)が修した如法愛染王法と如法尊勝法に始まるとされる。彼は空海所持の宝珠を相伝し、白河法皇へ相伝血脈とともにこれを献上したともいう。醍醐寺の勝賢の口伝によれば、それは内に舎利を込めた能作生珠で、金・銀・香薬を混ぜて丸めた径三寸ほどの黒い玉であったという。

仁和寺では、第四世覚法(高野御室)が大治三年(一一二八)十一月二日に室町御壇所で如法愛染王法を修した『御室相承記』の記事が初見である。覚法に小野流の修法を伝授したのがほかならぬ範俊だったので、そのなかに如意宝珠の修法が含まれていたとみていい。

第六世守覚は、御経蔵の密教聖教の骨格を作った御室で、前述した醍醐寺の勝賢から諸尊法の聖教を多数伝授された。なかに勝賢自ら撰述した『宝珠抄』などもあり、それらを基に仁和寺における如意宝珠の修法を本格化させたものと思しい。

仁和寺でこの修法の実修を物語る美術工芸品で、瞠目すべきものが巨大な火焔宝珠形の舎利容器である。小野流を汲む南都の真言系寺院に水晶製の舎利を拝せる容器が数多いなかで、密閉した不可視の宝珠内に舎利を込める、という如意宝珠の本来的な造形を、金銅製品で実現した稀有な遺品である。さらに、三面宝珠を全面に規則的に配した袈裟(横被のみ遺る)の中世初頭の古例も仁和寺以外に他例を見ず、守覚以降の広沢流による如意宝珠の修法が、醍醐寺(小野流)に劣らぬ盛行を呈していたことを窺わせている。

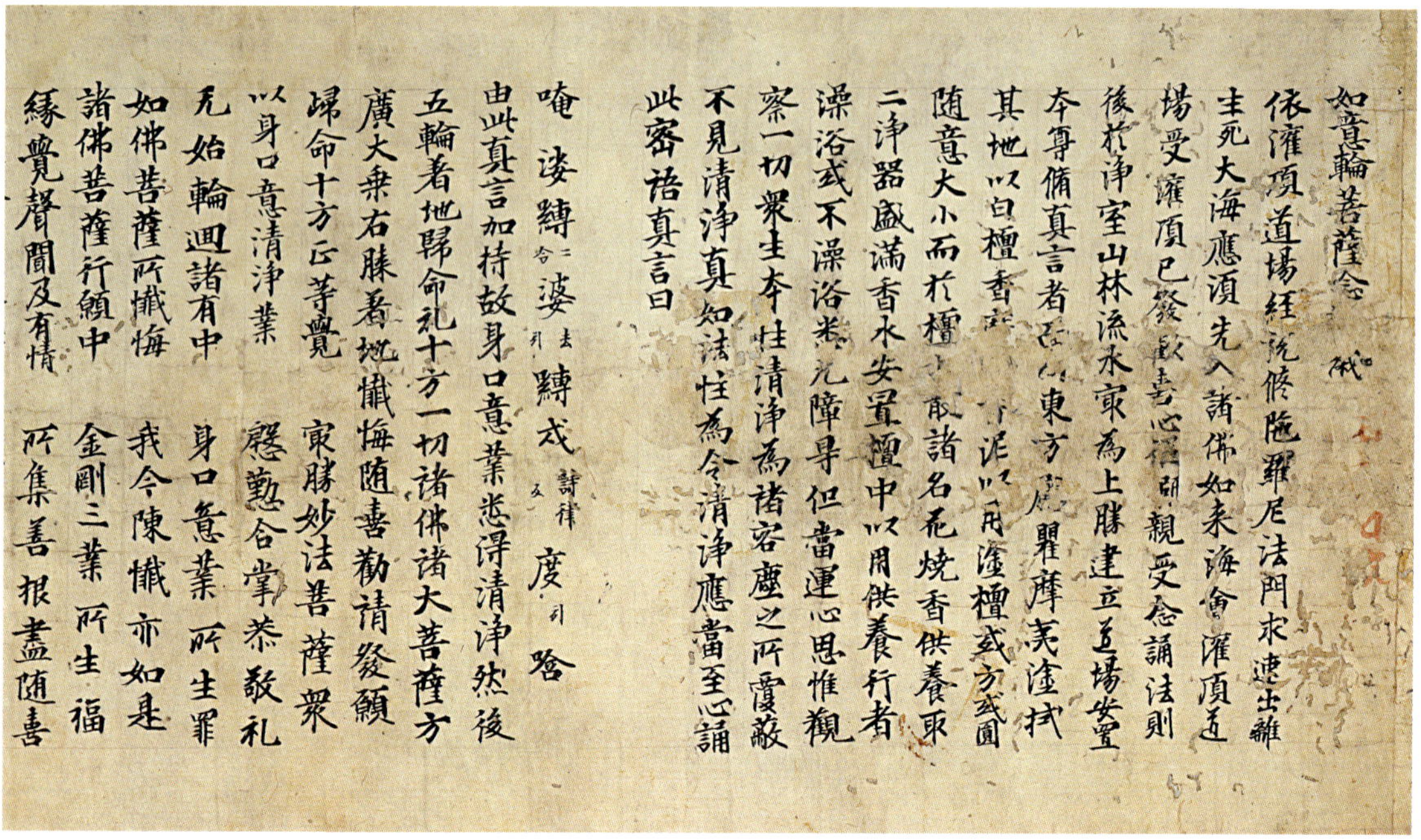

如意輪儀軌

1巻　紙本墨書　縦28.7cm　全長497.4cm　平安時代(9世紀)　重文

如意輪観音を本尊とする如意輪法の儀軌『観自在菩薩如意輪念誦儀軌』(唐・不空訳)。跋文に弘法大師筆との伝を記し、書風から平安前期の書写とみなされている。早い時期の仁和寺では如意輪法を修した形跡はないが、平安後期に小野流の如意宝珠法が導入されたのを契機に、宝珠から発する光明中に涌出する如意輪観音を観想せよと説く本儀軌を用いた修法が行われた可能性がある。ただ本巻そのものは、天正二年(1574)の第二十世任助法親王(1525～84)の跋文に、東寺・堯運より伝法灌頂の御礼として法親王に寄進されたとする。

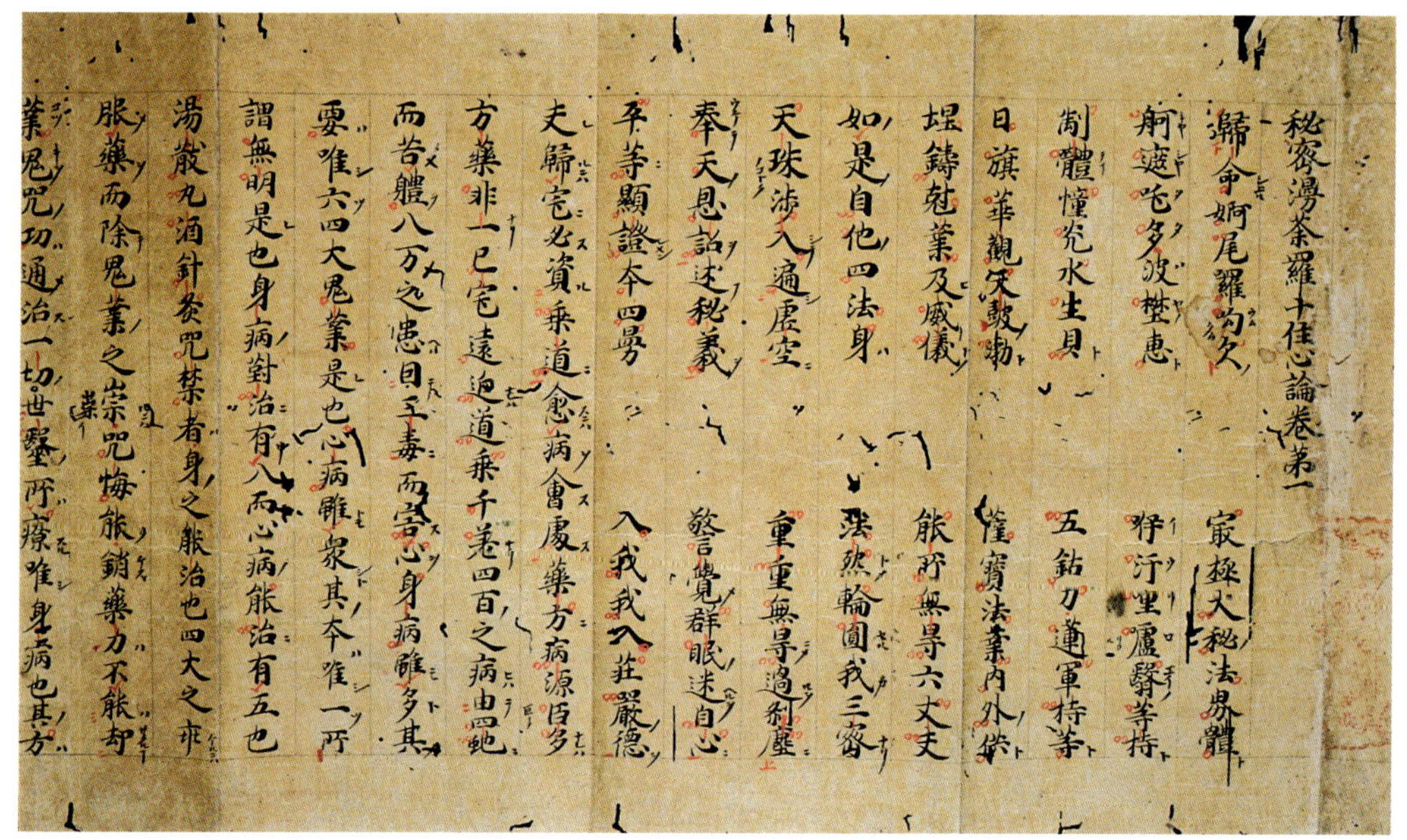

巻第一

秘密曼荼羅十住心論

10帖　紙本墨書　(各)縦30.8cm　横14.2cm　平安時代　承安二、四年(1172、74)　重文　(御経蔵)

空海が、天長七年(830)の淳和天皇の勅に奉上した論書で、真言行者の菩提心の展開を十種の住心として示し、特に各仏教の教相判釈により真言宗を最上位に置いた書として知られる。折本装の本書は『十住心論』の最古の写本で、巻第六(近世の補写)以外は、承安二年もしくは四年の奥書を有する。朱点と注記は、永正六年(1509)に堺の常楽寺多聞院の弘賢が付したもので、仁和寺聖教に加えられたのは、それ以後のことである。

金銅都五鈷杵

１口　銅・鋳造・鍍金　総長16.9㎝　把長5.6㎝　鈷張1.8㎝　鎌倉時代（12〜13世紀）　重文

五鈷の脇鈷が開かず、そのまま中鈷と接する金剛杵を都五鈷杵という。漢訳経典・儀軌や経疏に明確な典拠が見いだせず、平安時代に遡る作例が見当たらないことから、日本での創案と考えられる。広沢流の口伝では、「未顕浄菩提心」、すなわち五智の五鈷がいまだ開かないの意とされ、現在は常用、携帯用の五鈷杵として広く用いられている。本品は、把中央の鬼目が横長で、蓮弁の先を尖らせ弁央を鎬立てていて、鎌倉時代初期の最古例の一つといえよう。

遺された数多くの密教法具は どこから請来され、どのように用いられたのか

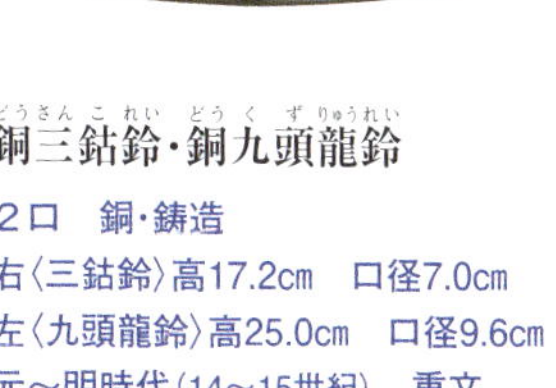

銅三鈷鈴・銅九頭龍鈴

２口　銅・鋳造
右〈三鈷鈴〉高17.2㎝　口径7.0㎝
左〈九頭龍鈴〉高25.0㎝　口径9.6㎝
元〜明時代（14〜15世紀）　重文

真言宗寺院で修法に用いる密教法具は、平安初期に空海ら入唐僧が請来した法具の形を引き継ぐ。ところがそれと別に、宋代頃からチベットで興った密教に基づく別種の法具が、日本と中国・高麗間を往来した僧や商人の手でもたらされた。仁和寺には、図版に示すほか独鈷鈴も含む金剛鈴３種がまとまって伝わる。九頭龍鈴は大威徳明王法所用との説もあるが、神護寺伝来品など比較的事例の多い明王五鈷鈴も含め、個々の鈴種がいかに用いられたか、興味深い問題がある。

特集二

天台教学への関心

仁和寺は真言宗の寺院でありながら、創建当初から天台僧が別当に就くなど、天台宗との関わりが深い。教学の面でも天台密教が常に研究の対象として意識されていたことを数多くの資料が語っている。

＊他宗不雑＊

江戸初期に顕證が仁和寺の由緒をまとめた『本要記』に、「他宗不雑」なる興味深い記述がみえる。「私云」として、以下のごとく問答形式で記す。当寺は、他宗門を雑住させることなかれ、という「大師秘記」の趣旨に永らく準じてきた。他宗とは七宗顕教であるが、真言の宗である天台の三井・山門も制するべきであろうか。答うるに、両者といえども雑住はこれあるべからず、という。

右記はおそらく中世以降の山内の雰囲気を伝えたもので、逆にいえば、平安時代には少なくとも天台宗の寺門・山門両派が雑住していた、という見方もできよう。以下、仁和寺に残る宝物・聖教・史料などから、その辺りを探ってみよう。

＊仁和寺建立と天台僧＊

初期仁和寺で、金堂本尊を定印阿弥陀如来とし、先帝光孝天皇の回向に「弥陀真言」を修させた初代別当は天台僧の幽仙であった。当時、九世紀後葉頃は、比叡山東塔・西塔に常行堂が相次いで建ち、本尊を金剛界八十一尊曼荼羅中のいわゆる宝冠阿弥陀如来として、中国天台の祖、智顗(五三八～五九七)が『摩訶止観』で説いた阿弥陀の観想行を密教的に実修しようとした時期に当たる。藤原北家出身の幽仙が光孝天皇と従兄弟同士の関係にあったという事情もあろうが、先帝追善の尊格と法義を案ずるに、天台の最新の事情を知る幽仙が最もふさわしい人物だったと思われる。

降って保延元年(一一三五)、焼亡した金堂の再建供養に天台座主忠尋が招かれた。江戸初期、寛永度の金堂再建時に保延度の安鎮法に用いたと思しい法具が出土したが、壇中に据えた輪宝の中心の穴に橛を打ち込んでいたとみられ、台密の安鎮法によっていたらしい。このことは、平安後期の仁和寺にあっても、金堂という堂宇の役割と教理的存在意味が天台のそれと認識されていたことを暗示するのかもしれない。

なお仁和寺南に位置する院家の円宗寺は、後三条天皇の御願寺として、延久二年(一〇七〇)に供養され、天台の法華、最勝の二会が行われた。また境内には天台宗特有の行法を実践する道場、法華堂と常行堂が営まれていた。「円宗」という寺名自体に、円教を旨とする天台宗の含意を汲み取ることも可能であろう。

＊天台系の図像・口決への関心＊

仁和寺の聖教中で最もよく知られた図像集は『別尊雑記』である。撰述した心覚(一一一七～八〇)は高野山常喜院の僧で、もとは醍醐寺で伝法を受けているので、小野・広沢両流で流布した図像を広範に蒐集する。しかし当初は天台宗園城寺で学んだことから、円珍請来を軸とした台密系図像を多く含む。さらに『密教図像』と括られる十七点のうちに、円珍請来になる「一切念誦行事勾当像」が含まれ、『四天王図像』のうちの「毘沙門天像」には、京都岩倉の寺門派大雲寺の定順がこれを描かせた旨の注記がある。

塔中蔵の聖教中には、台密の口決(口伝録)も存在する。比叡山谷流の祖で谷阿闍梨と称された皇慶の口決を弟子の大原僧都長宴(一〇一六～八一)が

金銅輪宝・橛

2口　銅・鋳造・鍍金　〈輪宝〉径18.5㎝　〈橛〉長39.4㎝　平安時代（12世紀）　重文

車輪形をなす輪宝と蓮弁を飾った柱状の橛は、本来密教修法を行う壇の安鎮と結界に用いる法具だが、仏堂建立に際する地鎮めの修法である安鎮法にも用いる。真言宗では地中に打ち込んだ橛の上に輪宝を載せ、天台宗では地中に据えた輪宝の中心に橛を打ち込む。本品は、寛永十九年（1642）からの金堂再建に先立つ造成で出土。輪宝の中心部（轂）の孔が橛下端の枘と合い、天台の作法によったことがわかる。形から保延元年（1135）の金堂再建時の品とみられ、この時の供養に天台座主忠尋が招かれているので、上記のごとき修法となったと思しい。

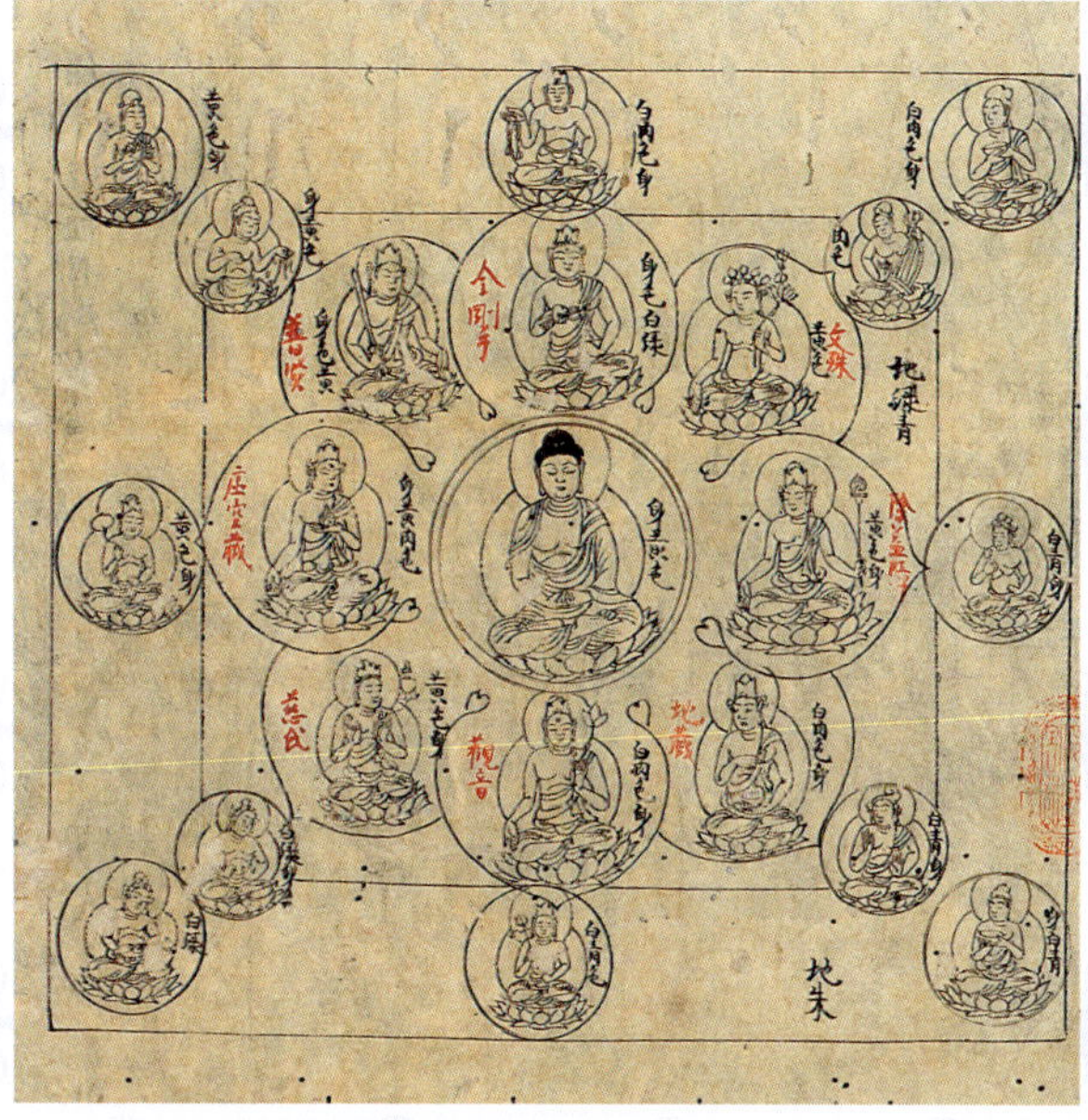

別尊雑記

57巻　紙本白描
（各）縦31.5～32.1㎝　全長307.4～1956.5㎝
平安～南北朝時代（12～14世紀）　重文　（塔中蔵　心蓮院伝来）

『五十巻抄』ともいう。天台宗園城寺から出て真言宗に転じた心覚が、晩年の承安年間（1171～75）に撰述した密教図像集。仁和寺本は、全57巻のうち46巻が平安後期の制作で、11巻が鎌倉から南北朝時代の補写になる。恵什の『図像抄』など真言密教の諸本を対照し、「智証大師請来」などと記した天台密教の図まで含んで、集成した図像は309図に及ぶ。のびやかで秀麗な描写は、いかにも平安時代らしい密教美術のテキストともいえる。

記録した『四十帖決』がそれである。このようにみると、仁和寺にとっての天台密教の聖教は、他宗、別流の参考書といったレベルはなく、自流の理相・事相と常々対照すべきものだという寺風のようなものがあったのではないか。

＊法舎利、経典の力＊

真言宗は空海の請来した舎利へ篤い崇敬を寄せたが、天台宗は最澄が全国六カ国に経典を納めた宝塔(相輪樘)を建立し全国の安鎮を構想したのをはじめ、一貫して法舎利すなわち経典そのものの功力に信仰を寄せた。仁和寺には、近江(東塔)、山城(西塔)いずれかの相輪樘を示す最古の図とみられる「叡山宝幢院

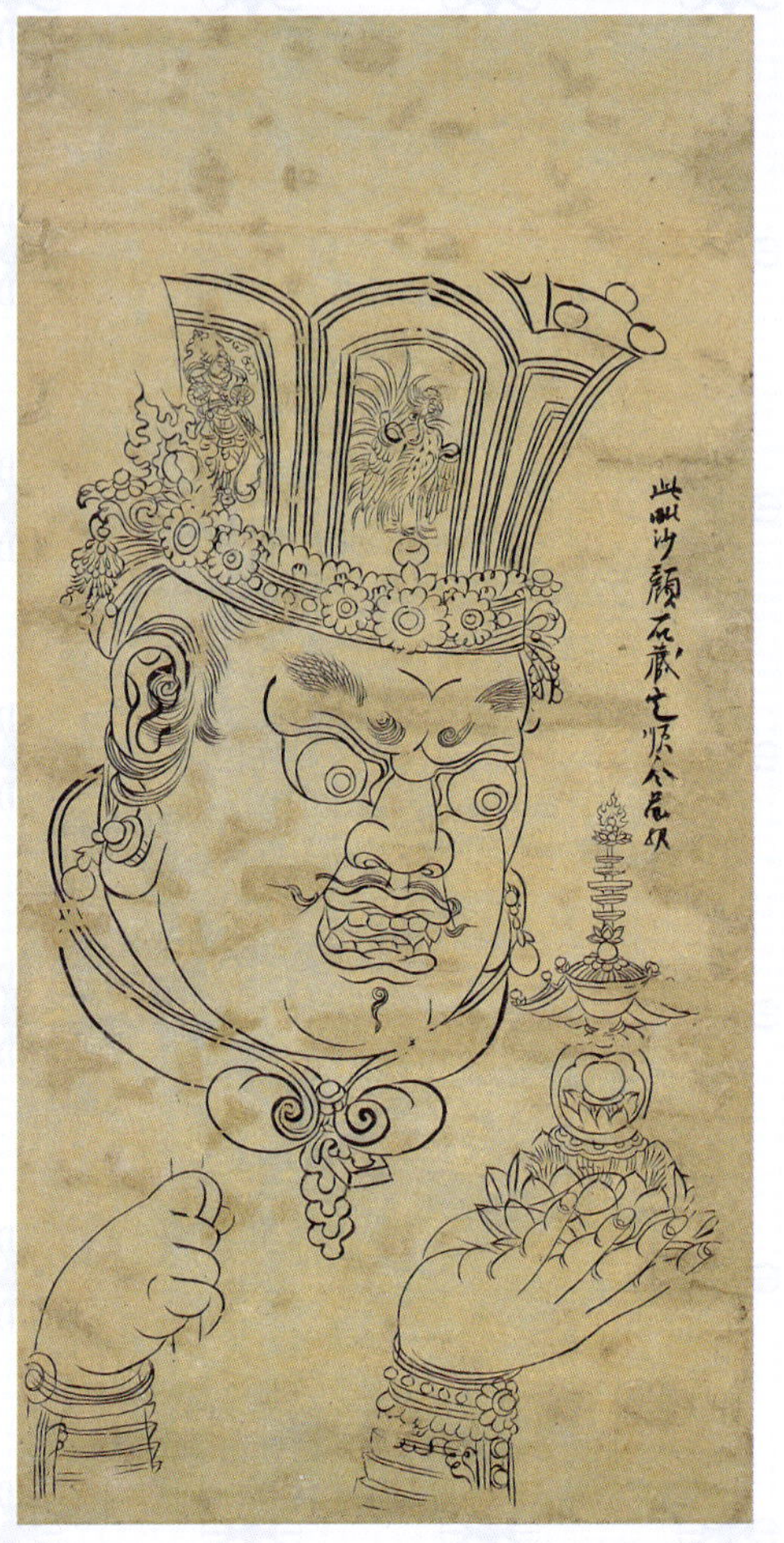

四天王図像のうち　毘沙門天像

1巻　紙本白描　縦30.7㎝　全長192.0㎝
平安時代(11世紀)　重文

４紙で１巻をなす四天王の図像集。これは４紙目の図で、毘沙門天の頭部のみを描く。数ある図像のなかでも特筆すべき雄大で流麗な描写を行った筆者について、「此毗沙顔石蔵定順令図歟」と注記があり、この石蔵定順を、京都岩倉の天台宗寺門派大雲寺の僧で、入宋し『参天台山五台山記』を著して彼の地で没した成尋(1011～81)に比定する説がある。

延暦寺相輪樘

貞享四年(1687)再建

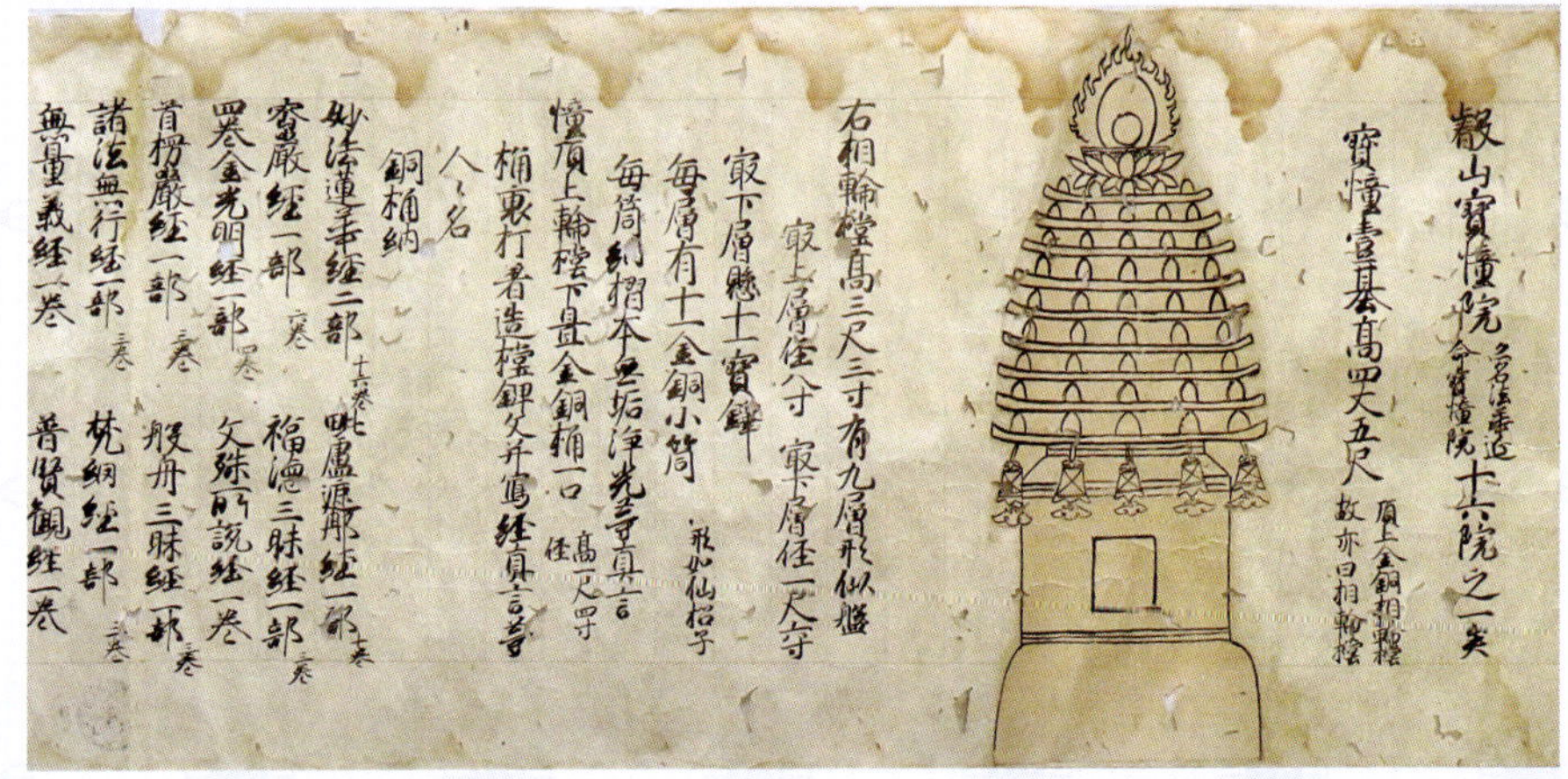

叡山宝幢院図　1巻　紙本墨書　縦27.2㎝　全長293.6㎝　鎌倉時代(13世紀)　(御経蔵)

比叡山延暦寺西塔の尾根上に、最澄が建立した山城宝幢院に由来する相輪樘が立つ。当初の相輪樘は現況と異なり、総高４丈５尺(約13.6m)で、柱の頂部に高３尺３寸(約１m)の金銅製九層塔を取り付けたものであった。御経蔵中の本巻は、その詳細図と由緒文を記す。その書風から鎌倉時代後期頃の書写とみられるが、図様・内容は鎌倉初期成立の『三塔諸寺縁起』より詳細かつ古様で、巻末の最新年紀、康保三年(966)のものとみていい。弘仁十一年(820)、最澄の起塔時に、各層ごと11の小筒に納めた摺本の無垢浄光等真言を安置し、基部に『法華経』以下の諸経を納めた金銅桶を置いていたという。金銅層塔の上方へ向かいなだらかに張りをもつ姿は、西安・小雁塔など唐代仏塔を彷彿とさせ、請来様の宝塔というべきであろう。

図」が御経蔵に存在し、天台思想の根本である円教（法華経を中心とする経典による衆生救済）に強い関心を寄せていたことが窺える。

金堂跡から出土した銅製経筥と銅板経も、明らかに天台の作善である。末法思想を背景に、地中に経典を埋納し将来の弥勒如来下生に値遇せんとする儀礼は、寛弘四年（一〇〇七）、藤原道長による金峯山山頂埋経を嚆矢として、十二世紀に全国で盛行した経塚造営へと展開し、各地の天台僧がそれらを勧めた。

こうしてみれば、『高僧像』の仁和寺本一巻（→38頁）が、大東急記念文庫の余巻に比して、智顗に始まる天台の高僧が主体を占めているのも偶然ではなさそうである。天台宗の教義の中核である『法華経』を智顗が註釈した『法華玄義』を、鎌倉時代に第十二世性仁法親王（一二六七～一三〇四）が入手している。また日本天台の論義会『法華八講』の室町時代の草稿、法華経主体の重要法義『法華懺法』の鎌倉・室町時代の古写本、さらには、かつて比叡山横川に伝来した『伝教大師請来目録』の写本まで塔中蔵聖教中に存在する。仁和寺における天台の円・密の教義への関心は連綿と続いていたというべきであろう。

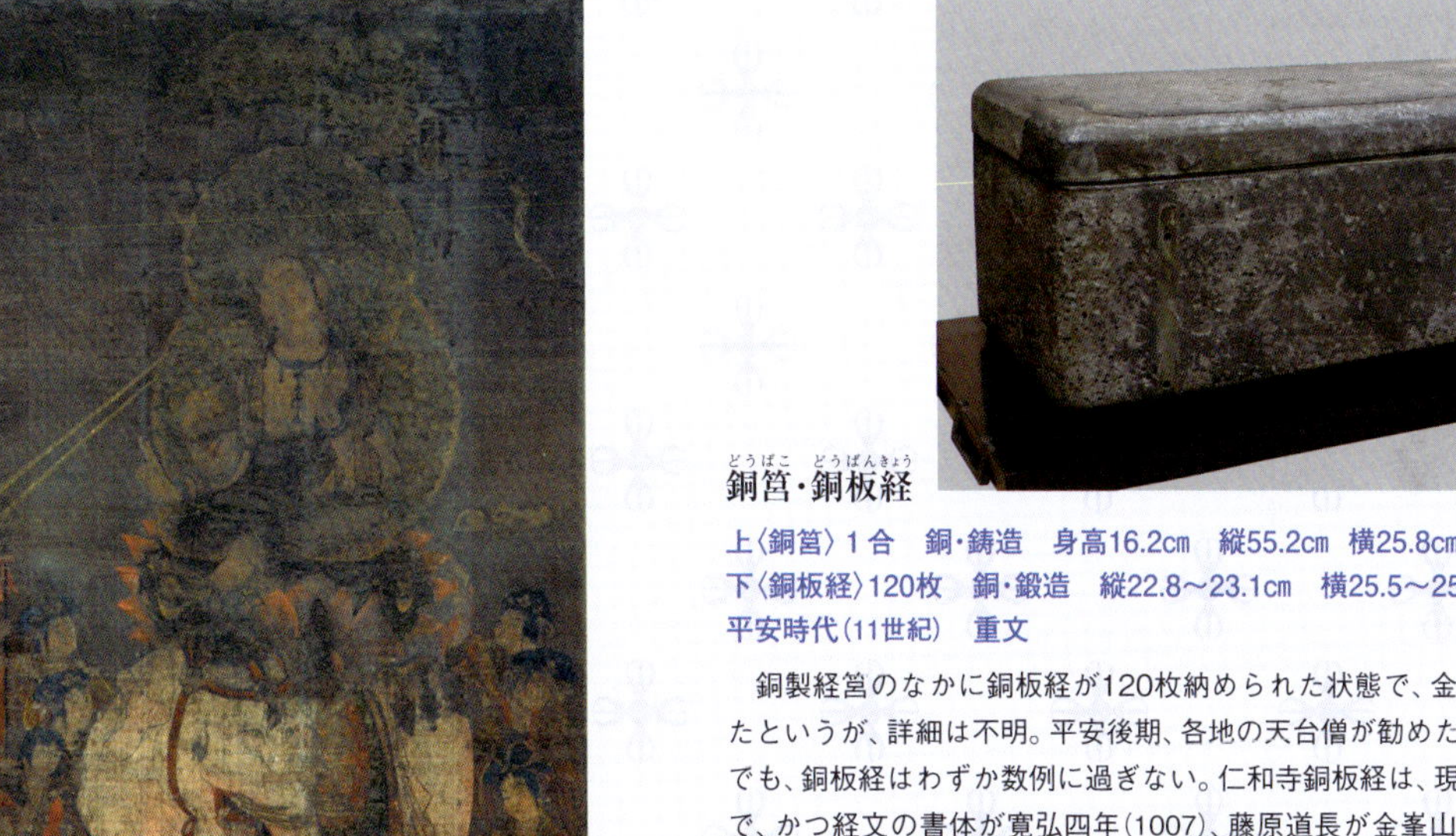

銅筥・銅板経

上〈銅筥〉1合　銅・鋳造　身高16.2cm　縦55.2cm　横25.8cm
下〈銅板経〉120枚　銅・鍛造　縦22.8～23.1cm　横25.5～25.9cm
平安時代（11世紀）　重文

銅製経筥のなかに銅板経が120枚納められた状態で、金堂跡から発見されたというが、詳細は不明。平安後期、各地の天台僧が勧めた埋経関係の出土品でも、銅板経はわずか数例に過ぎない。仁和寺銅板経は、現存枚数が最大規模で、かつ経文の書体が寛弘四年（1007）、藤原道長が金峯山山頂に埋納した経筒の銘文に近く、11世紀に遡る最古の銅板経とみなしうる。経種は、埋経の主役『法華経』（101枚）に、金堂という場を反映したか『阿弥陀経』（5枚）と、さらに『華厳経』（9枚）に真言陀羅尼（5枚）まで加える（6枚を欠く）。

普賢十羅刹女像

1幅　絹本著色　縦78.5cm　横40.6cm　鎌倉時代（13世紀）

普賢菩薩と十羅刹女は本来別々の尊格だが、いずれも『法華経』を信仰、読誦する人を守護すると同経に説くことから、平安後期頃より貴顕の信仰を集め、両者を組み合わせた画像が描かれた。本幅の普賢は、円仁請来の六牙白象に乗る図像に連なる。しかし常のように合掌せず、右手の二、三指を伸ばし外に掌を向けた印相は、比叡山に伝わる維摩居士像の左手と同じくし、本幅の創意の主所を予想させる。なお象頭に三化人が乗るのは『観普賢経』の説示による。天台宗を中心に展開した法華経信仰の画像が、仁和寺に伝わった背景も興味深い。

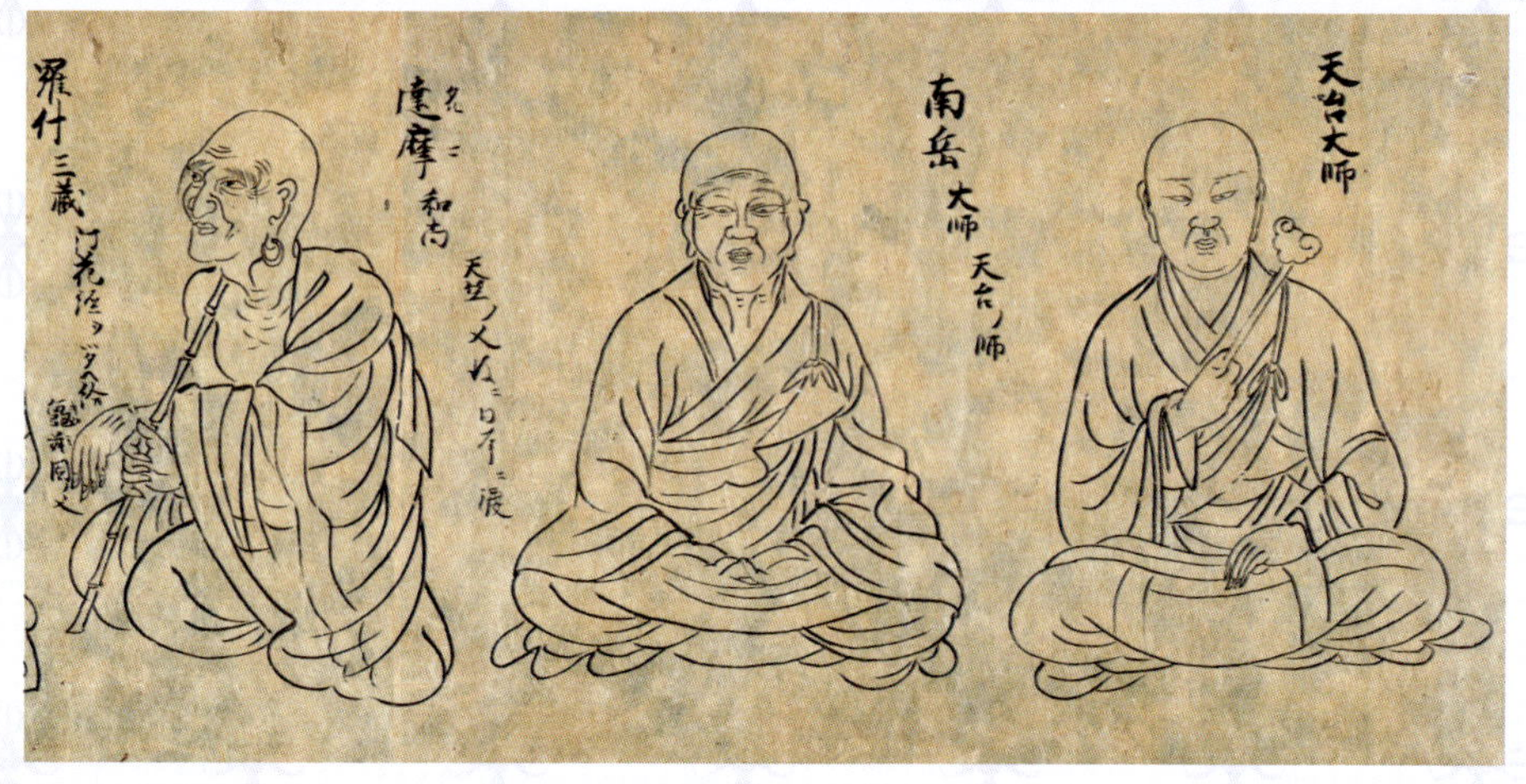

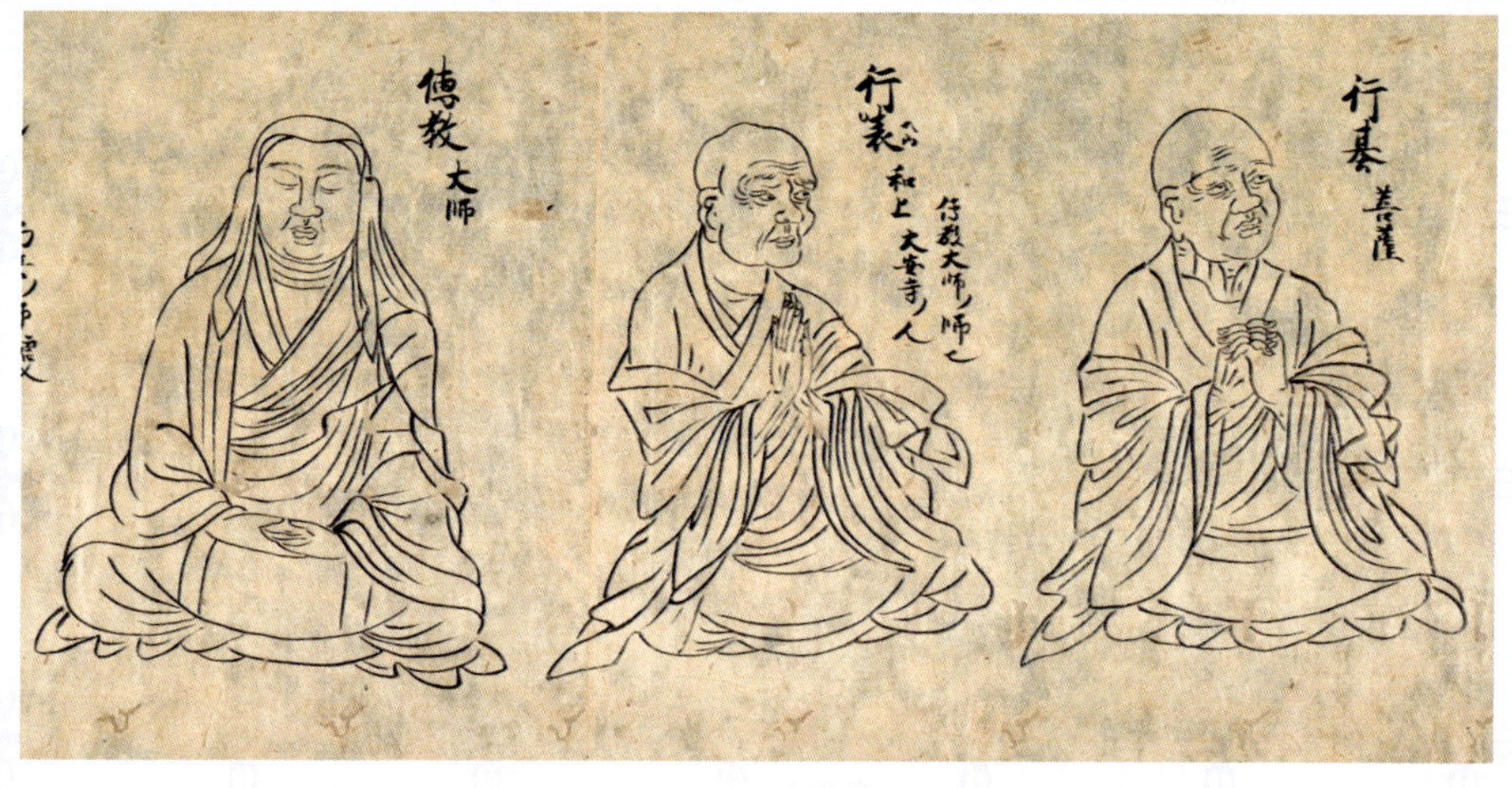

高僧像

1巻　紙本白描　縦28.0㎝　全長663.0㎝
平安時代　長寛元年(1163)　重文　(塔中蔵)

印度・中国・日本の三国にわたる高僧36人の肖像を一巻に収める。大東急記念文庫所蔵本一巻ともとは一具をなす。長寛元年に石山寺の観祐が書写したもの。本巻は、中国の天台(智顗)・南岳(慧思)・道邃・行満から日本の伝教(最澄)・義真・光定・慈恵(良源)へと連なる天台宗の僧が大半を占める。

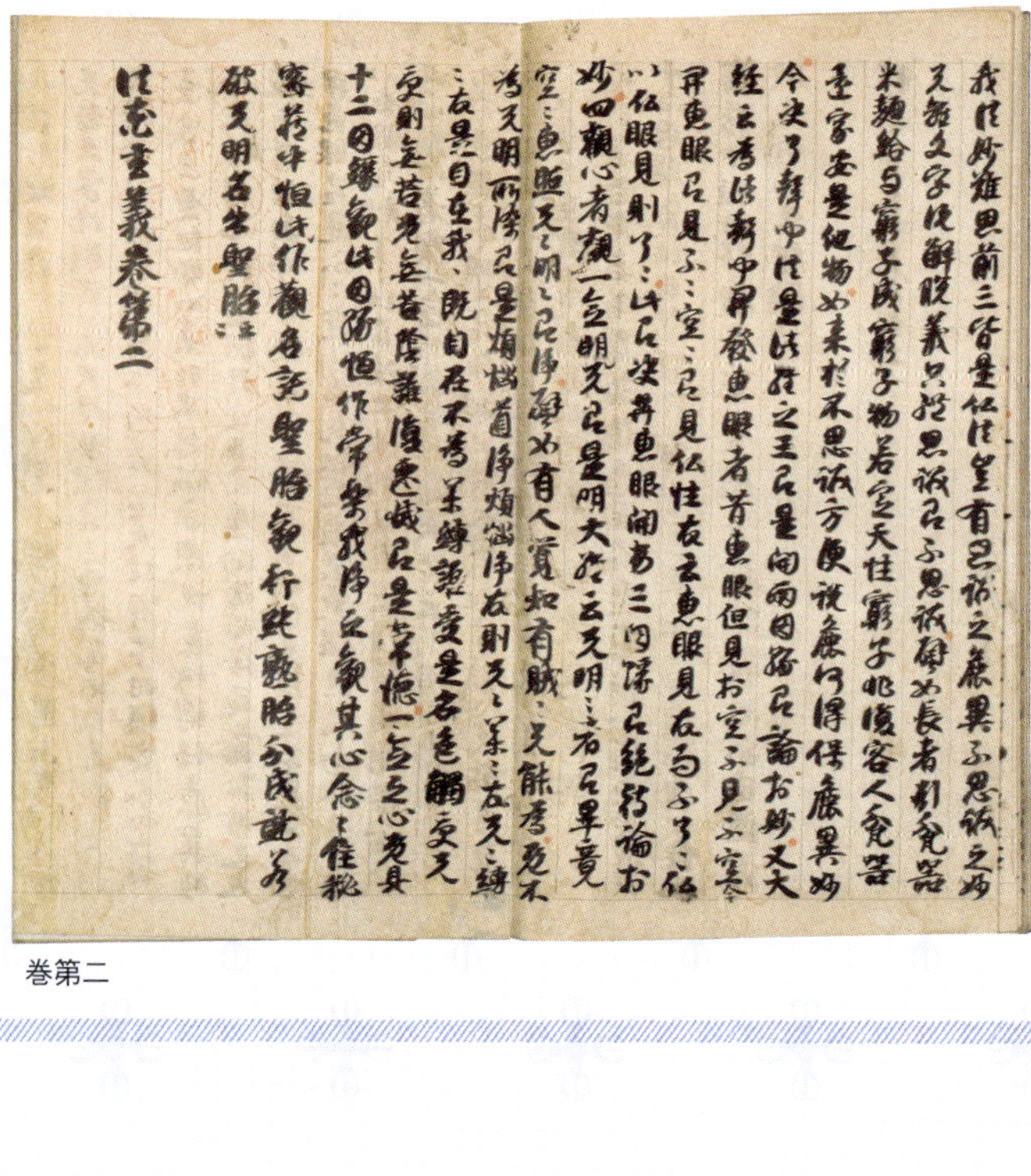

巻第二

法華玄義

2帖　紙本墨書　縦27.6㎝　横15.5㎝
唐時代(7～8世紀)　重文

中国天台宗を開いた智顗が『法華経』を中心に仏教の体系化を図った書。唐代の貴重な写本で、巻第二と第八の2帖が伝存し、巻第二の首尾には『三十帖冊子』にみるのと同じ梵字朱方印が捺される。また包紙に、第十二世性仁が巻第二を弘安四年(1281)、第八を同六年に得たとの記載がある。日本天台宗では『法華経』教説と密教教理の融合(円密一致)を旨としたが、仁和寺御室もそのような教学に強い関心を抱いていたことが窺える。

3 仏菩薩と聖僧、神の姿

仏菩薩と聖僧の像

たとえば両界曼荼羅に多数の仏菩薩が描かれるように、真言密教寺院では夥しい神仏を奉じ、主要な尊格を本尊とした修法が修された。特集二（→34〜38頁）で述べたように、仁和寺本坊と諸院家では、天台宗の密教・顕教の影響も少なからず受けて、さらに多彩な木像や絵画が祀られることになった。『仁和寺諸院家記』や『本要記』などの史料が、それらの様子を今に伝える。また「吉祥天立像」（→41頁）や「文殊菩薩坐像」、「妙音天像」（→41頁）など、中世に遡る仏像や仏画が伝存し、多彩な信仰の様を窺わせる。

真言宗寺院にとって、尊崇すべき最たる聖僧は弘法大師空海である。もっとも大師像を祀る御影堂の建立はやや遅れ、第七世道法（どうほう）法親王により、建暦元年（一二一一）に供養がなった。今も境内北西隅に、寛永期再建の御影堂が塀に囲まれ静かな佇まいをみせる。

文殊菩薩坐像（もんじゅぼさつざぞう）

1軀　木造・彩色　像高62.5㎝　鎌倉時代（13世紀）　重文

手先は後補ながら右手に宝剣を持し、左手はもとは梵篋（ぼんきょう）を戴く蓮華を執ったとみられる。文殊菩薩への信仰は、中国・五台山（旧訳『華厳経』に説く文殊の住処清涼山に充当）の文殊を円仁が請来したことで、天台宗を中心に盛行した。通形の騎獅子でなく趺坐（ふざ）する本像は、上半身の衣の端を腹上で締め、腰布を細かく端反（はぞり）とするなど、鎌倉時代に導入された宋風彫刻の要素がみえる。鎌倉時代半ば、院派仏師の作とする見解がある。彩色は後補。

聖僧として祀られる仏菩薩の代表は文殊菩薩であるが、日本仏教では、多くの宗派が聖徳太子を崇めることになった。とりわけ柄香炉を持ち、父用命天皇の病気平癒を祈る孝養像は広く流布したが、仁和寺伝来のそれは鎌倉時代まで遡る秀作である(→42頁)。さらに「悉達太子坐像」(→42頁)も、長く聖徳太子として尊崇されてきた。

『本要記』の「密教相応」では、「仁和寺が大乗純熟の勝地である」と述べ、その裏書に「平氏太子伝」(『聖徳太子伝略』のこと)の、太子が楓野大堰に宿り、蜂岡に仮宮を置き寺とした、という太秦広隆寺創建の別伝を引く。広隆寺は仁和寺の院家に列せられたこともあり(『仁和寺諸院家記』)、太子信仰の水脈となったと思しい。

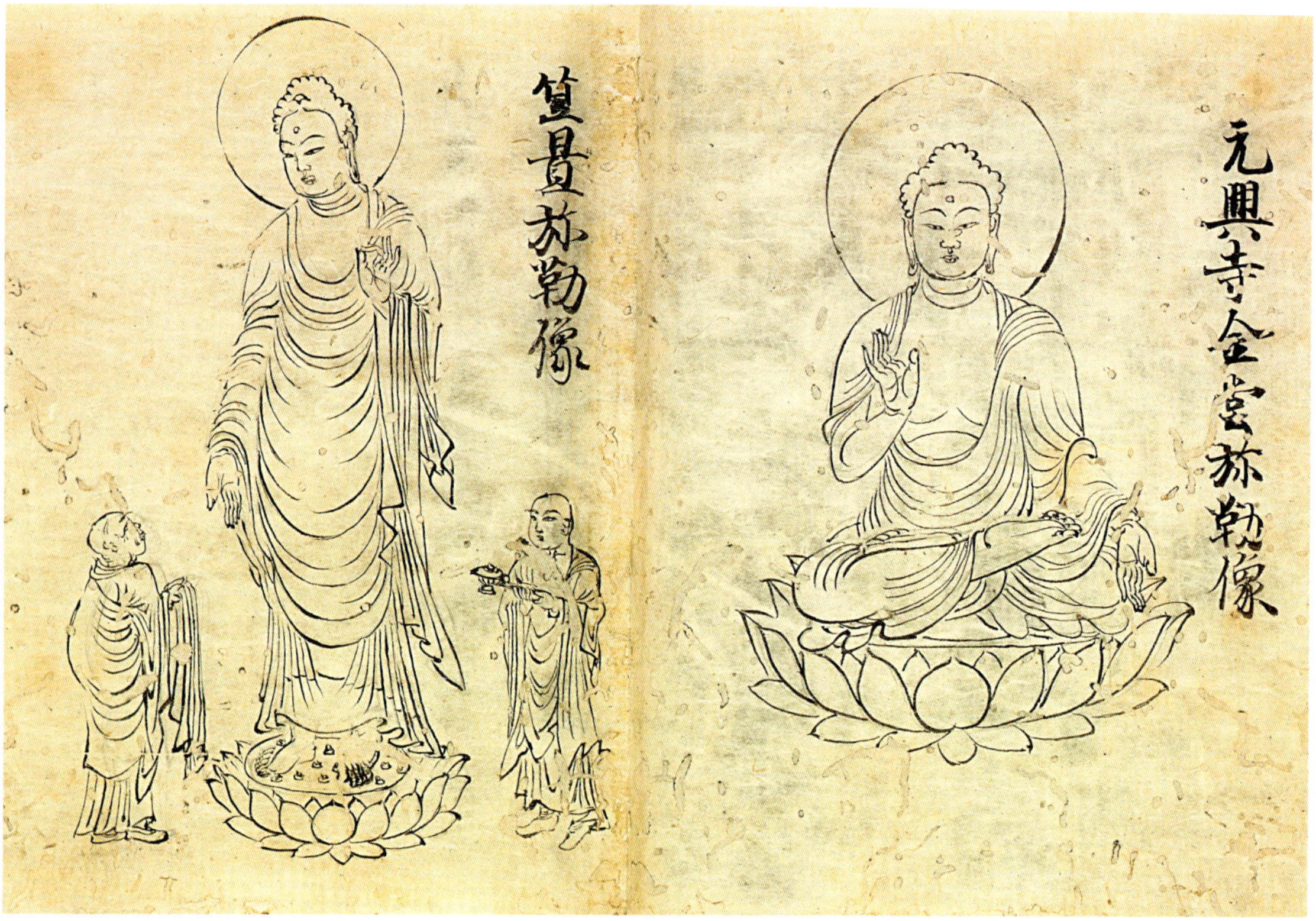

弥勒菩薩画像集

1帖　紙本白描　縦17.5㎝　横14.0㎝
平安時代(11～12世紀)　重文　(塔中蔵　心蓮院伝来)

弥勒菩薩の画像を集めた粘葉装の小冊子。天台宗園城寺の慶耀(1028～?)が撰した図集に基づく8図と、法相宗清水寺の定深(1046～1120)の図集に基づく9図からなる。前者がすべて密教儀軌を典拠とするのに対し、後者は9図中7図が、東山霊山寺・洛東清水寺・会坂関東関寺・山城国鳥部寺・四天王寺・元興寺・笠置寺という、実際の著名弥勒像を載せる。定深の撰述は、平安時代後期の図像収集の流行が、密教の枠を超え顕教の寺や僧にまで及んでいたことを窺わせる。

(左頁)**吉祥天立像**

1軀　木造・彩色　像高166.6㎝
平安時代(10世紀)　重文

吉祥天は『金光明最勝王経』にその功徳が説かれ、これを本尊として鎮護国家・除災消除・五穀豊穣を願う法会が、奈良時代以来、全国各地の寺々で営まれた。仁和寺では、院家の大聖院に、本尊不動明王の脇侍として毘沙門天とともに吉祥天が祀られたことが知られる。ただ『仁和寺諸院家記』は「古徳記云」として、それを「三尺吉祥天」と記し、本像とは丈が合わない。唐服をまとい、左手に宝珠を持つ姿は通例通りだが、先の尖る冠を被るのは珍しい。頭から足先までを一木で作る古様な製作法をとりながら、彫り浅く動きの少ない作風から、平安時代半ば、10世紀の作とみられている。

妙音天像

1幅　絹本著色　縦78.6㎝　横40.8㎝　室町時代（15世紀）

弁財天ともいう。音楽をつかさどり福徳智慧をもたらす神で、胡座し琵琶を奏でる姿で描かれる。本像の肌色の肉身や笑みをたたえた表情と、琵琶の捍撥部に月と尾長鳥と大和絵風の土坡まで描くなど、全体に醸し出される現実感は、室町時代前半の美術工芸の特色ともいえる。外題によれば、西園寺家鎮守の妙音堂本尊の木像を写したもので、上方の賛は後小松天皇宸筆という。山科教言（1328～1411）の日記『教言卿記』に、この木像に該当しそうな記述がある。

聖徳太子像

1幅　絹本著色　縦112.8cm　横43.5cm
鎌倉時代（13～14世紀）　重文

聖徳太子の孝養像。16歳の太子が父、用明天皇の病気平癒を祈願した姿を表す。赤い衣の上に袈裟をまとい、金香炉を捧げ祈ったとの伝記が絵画化された。袍は丹地に朱の暈を施し、金泥で縁取った朱の団花文を表す。また袈裟は対照的に寒色の深緑で描く。意匠の要でもある柄香炉は、茶の下地に金泥を塗り込め墨線で輪郭を描いて、現実感を与えている。少なくない孝養像のなかでも、抜きん出た出来ばえの古作である。

悉達太子坐像　院智作

1軀　木造・彩色・截金　像高54.2cm
鎌倉時代　建長四年（1252）　重文

美豆良を結い静かに坐す青年像。胎内納入文書（当初文書の江戸時代修理時の写）により、建長四年に大仏師院智（院派仏師の一人か）が製作した「悉達太子」像であることが判明した。悉達とは釈迦の出家前の名、悉達多（シッダッタ）のことで、日本では早くから聖徳太子のイメージに重ねられてきた。仁和寺で本像を長く聖徳太子像と伝えてきたのも、故なしとしない。着衣に截金で地文を描き、彩色で丸文を散らすことや、襟から肩にかけての曲線表現、臂を複雑に翻らすなどの宋風表現は、本像の時代性を端的に物語る。

五百羅漢図

１幅　紙本著色
縦210.0㎝　横102.8㎝
明時代　万暦二十二年(1594)

山水や巌崖中に、遠近感を頓着せずに22人の仏弟子、羅漢を描き込む。右下に捺す印は、明末の画家、丁雲鵬と盛茂燁と、清代前半の大収集家、畢瀧のもので、国内に伝来する本幅と一具の別幅に「甲午春」の款記があって、製作年が知られる。おおよそ24幅からなる羅漢図と推定される。丁ら江南の画家が、仏家の注文に応じ大量に描いた羅漢図が、日本の各宗各派の寺院にも伝流した。江戸初期に再興された仁和寺にとっても、このような羅漢図が日常的に必要とされたのであろう。

僧形八幡神影向図

１幅　絹本著色　縦92.7cm　横50.9cm
鎌倉時代（13世紀）　重文

　仁和寺の創建当初に勧請された九所明神の第一位に、八幡神が坐す。本図も、室町時代の修復銘に「八幡大菩薩御影」とあって、背をみせる横向きの僧形が八幡神像であることが知られる。また空中に金泥のぼかしで表された影も、神聖なる神の影向を視覚化した希有な表現である。八幡神を拝する俗人二人は、右が縫腋袍を着た文官、左が闕腋袍を着た武官とみられ、この画像を、道鏡の皇位継承について和気清麻呂が宇佐八幡神に神託を伺う場面と解する説がある。なお軸首の蓮唐草文透彫金具も当初品とみられ、小口に表す種子キリーク（下写真）は、八幡神の本地仏、阿弥陀如来にほかならない。

神を祀り、神を描く

　仁和寺の初代別当幽仙は、いち早く各地の重要な神々を勧請し、伽藍鎮守として九所明神社を建立した。『本要記』によれば、東五所が八幡三所・賀茂下上・日吉大明神・牛頭天王・稲荷大明神、一方の西四所が松尾大明神・平野大明神・小日吉大明神・木野嶋天神という構成になる。東西に祀る大小の日吉は大比叡（西本宮）と小比叡（東本宮）のことで、祇園社の牛頭天王と合わせ、天台系の神の勧請に幽仙の意図が窺える。

　九所明神社で東五所の第一に八幡神が挙がる。神の姿は実態がないので、神道美術では俗体の僧・男性・女性の姿で描かれる。「僧形八幡神影向図」は、僧形の八幡神を描く一方、右上方に影を配して、不可視の神の姿を表現しようとした神道絵画の白眉である。

　仮の姿で現われた（垂迹した）神の本来の姿は、仏菩薩（本地仏）であるという本地垂迹の考えが、平安後期に定着をみた。そこで熊野曼荼羅図のごとき、神々の関係性を仏の姿で表した絵画が登場することになった。

勧請された各地の神々を祀り その姿を絵画として可視化する

熊野曼荼羅図（くまのまんだらず）

１幅　絹本著色　縦93.3㎝　横40.0㎝
南北朝時代（14世紀）

熊野三山の神々は、平安時代後期から全国各地へ勧請された。仁和寺でも北院と大聖院に鎮守堂が置かれ（『仁和寺諸院家記』）、本図はそのいずれかで用いられたと思しい。中段に阿弥陀（本宮）・薬師（新宮）・千手観音（那智）の三所権現と、五所王子・四所明神からなる熊野十二所権現の本地仏を、中央から外側へ順位に従って配し、上・下段に摂社・末社の神々を山中に点在するように描く。本地仏の肉身は金泥で表し、着衣の文様を截金で描くなど、装飾性の強い南北朝時代の作風をみせる。

特集三

仏教智の集積、仁和寺聖教

仁和寺に保管されている数多くの聖教には御経蔵のほか、各塔頭(塔中)に伝わるものがある。塔頭の院主の嗜好や興味によって、経典や記録類のみならず、多岐にわたる分野の文書が集められ、個性豊かな典籍文書群を作り上げた。

＊御経蔵と塔中蔵の聖教＊

仁和寺には大量の仏教関係典籍文書(聖教)が伝わり、大きく御経蔵(一七〇箱)と塔中蔵(一七〇箱)のほか、重要文化財に指定される黒塗手箱聖教がある。また本書で紹介する国宝・重要文化財の書跡・典籍類の多くも、これらの聖教中にあったもので、指定を契機に別置保管されるようになった。

御経蔵聖教は、江戸初期、寛永年間(一六二四～四五)に顕證が作った黒漆塗り箱に整理・収納されている。内容は、血脈・儀軌・口決・悉曇・会場差図といった密教関係を中心に、表白文・寺誌などにまで及ぶ。特に密教聖教の骨格を作ったのは、第六世守覚法親王(喜多院御室、一一五〇～一二〇二)である。東寺から『三十帖冊子』を借覧し、醍醐寺の勝賢から伝法を受けるなど、真言諸流の典籍蒐集を進め仁和寺御流を確たるものにした。なかでも最新の重要文化財指定を受けた『密要鈔』は、広沢・小野両流の相承する作法・次第を集大成した六〇四点に及ぶ貴重な聖教である。

仁和寺 黒塗手箱聖教

282点(65巻、3冊、138帖、32通、16鋪、28枚)
平安～江戸時代　重文

顕證が江戸初期に新調した黒塗の甲・乙二合の手箱に収納される聖教。歴代御室の伝法灌頂記や、真言院後七日御修法・孔雀経法以下、仁王経法・請雨経法の二箇の大法、普賢延命、如法尊勝、五大虚空蔵、如法愛染の秘法などの記録(『守覚日次記』を含む)、法会差図などからなる。

守覚法親王像

1幅　絹本著色
縦122.0cm　横76.0cm
鎌倉時代

部分

守覚日次記

1帖　紙本墨書　縦30.0cm　全長1068.0cm
平安時代　治承四年(1180)　重文

黒塗手箱の甲に納められる第六世守覚の唯一の自筆の日記で、『北院御室御日次記』ともいう。治承四年の十月から十一月にかけて記されたもので、十二月に予定された観音院の結縁灌頂に向けての準備過程をはじめとする法会・修法の様子をつぶさにしたためる。また守覚の立場から、高倉院ら宮廷関係の動向・消息を伝え、当時の政治・社会的な叙述にまで及ぶ。なお黒塗手箱には、寿永元年(1182)十一～十二月の『日次記』の写本も含まれる。

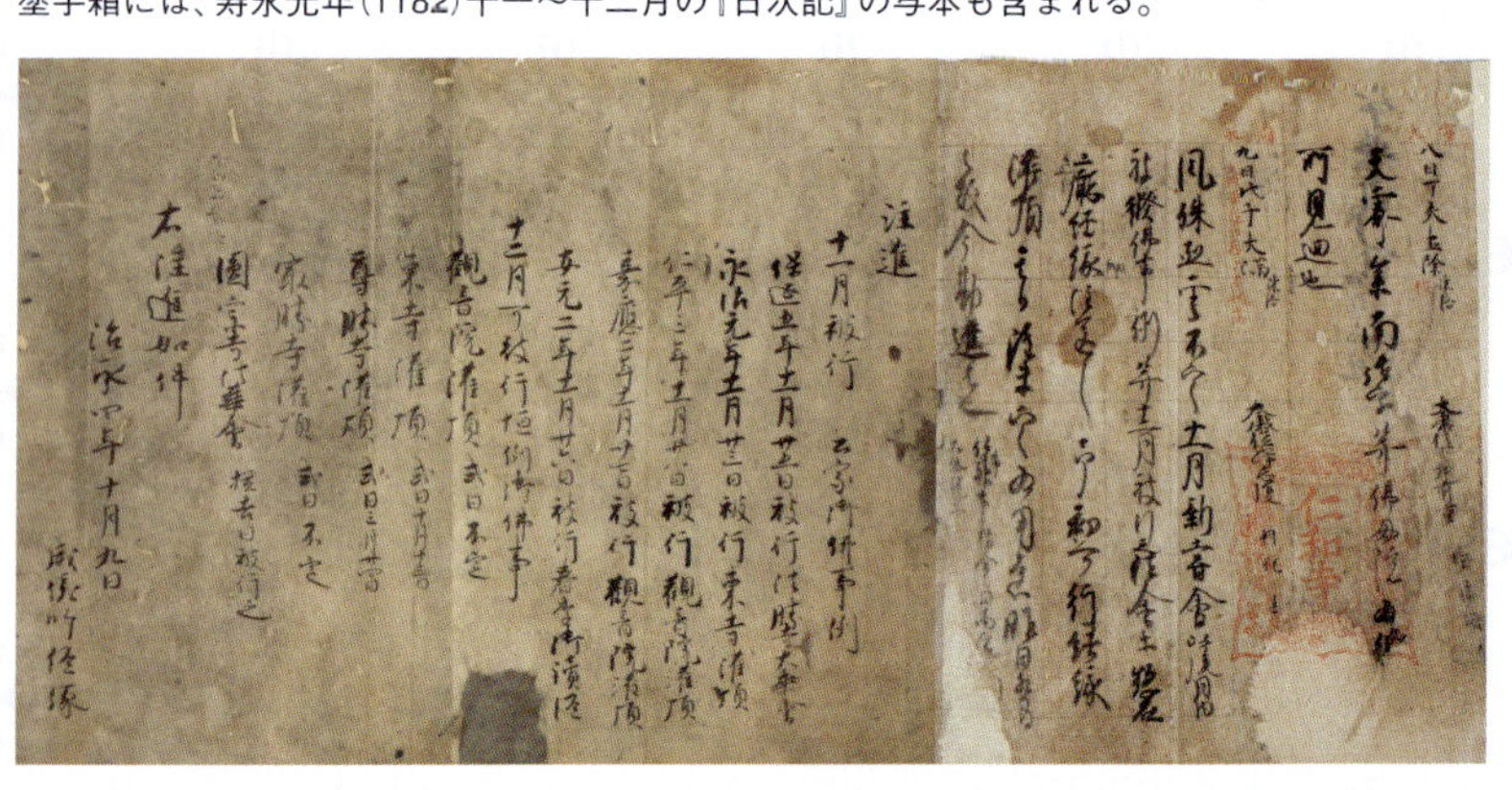

目録整理と研究が進んでいる右の御経蔵に対し、いまだ詳細が明らかにされていないのが塔中蔵である。江戸中期までに、院家に伝わってきた聖教を蒐集・整理したもので、天台宗など他宗派関係の経疏・法義集や、作庭関係、医学関係の典籍、さらには院家の経営関係文書など、内容はきわめて多種多彩である。そのなかには、特に心蓮院に伝わったものが多く含まれ、中世における同院主の博覧強記ぶりを窺わせている。

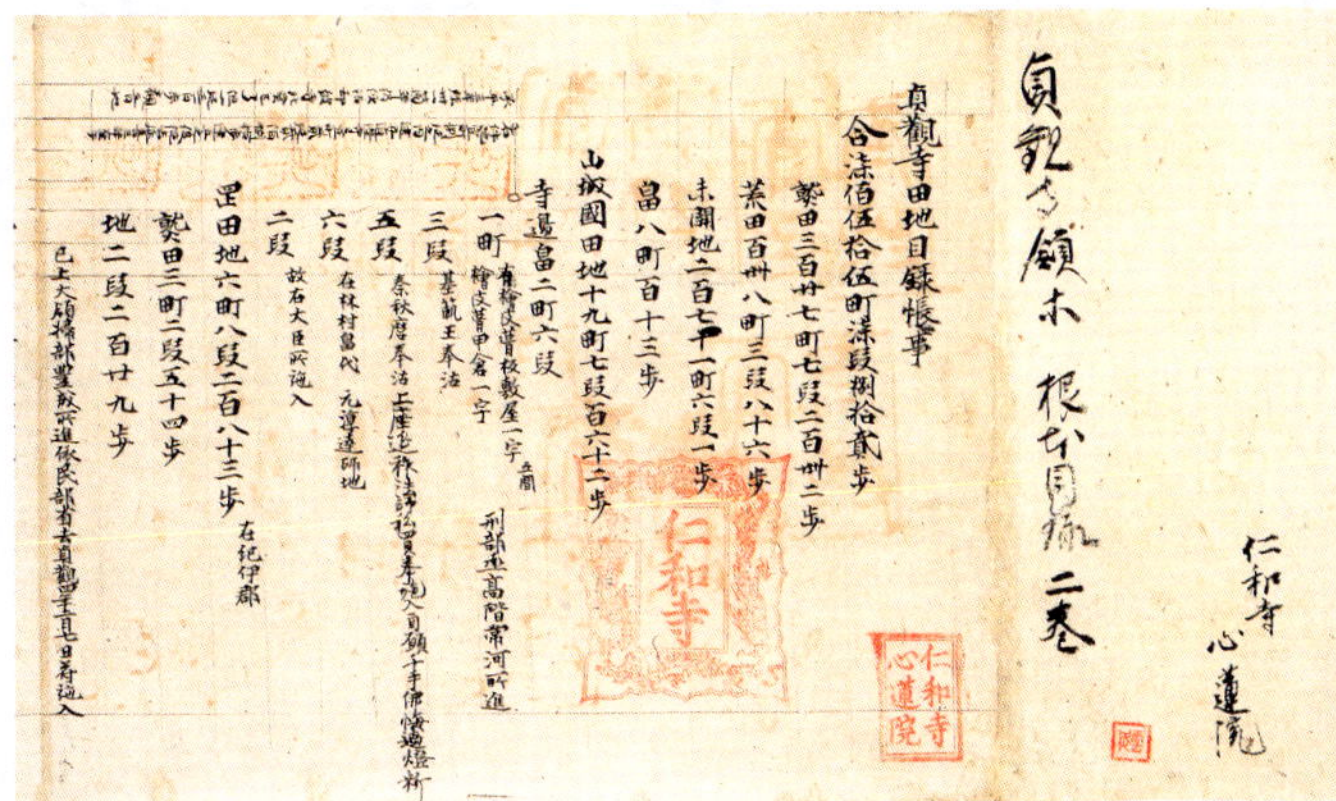

(左上)密要鈔目録　守覚法親王筆

1巻　紙本墨書　縦28.7cm　横701.1cm
鎌倉時代　重文　(御経蔵)

守覚が集めた小野・広沢両流にわたる聖教のまとまりで、御経蔵聖教の白眉というべきもの。甲・乙・丙・丁・余本の九箱に納められる。密教で具体的に行う事相を、灌頂、四度、諸尊法、印真言、修法に区分し、体系的に網羅する。灌頂は院家観音院所用の作法と次第、修法は皇室・公家のための「御修法」が中心となるのが特徴で、後者に含まれる金泥・群青などの彩色を施した「後七日差図」や、道具の詳細を記した「後七日道具目録」などが興味深い。

(左下)貞観寺根本目録

1巻　紙本墨書　縦29.1cm　全長227.0cm
平安時代　貞観十四年(872)　重文
(塔中蔵　心蓮院伝来)

塔中蔵聖教の内容は幅広く、古代寺院の経営文書まで含まれる。藤原良房(804～872)は、娘の生んだ惟仁親王(のちの清和天皇)の成長を願い、空海弟子の真雅をして京都深草に貞観寺を建立させしめた。本巻は山城国に散在していた寺領の目録2巻のうちの1巻。貞観寺の三綱が連署し、奥に真雅と別当三綱が署名する。

(下)日本図

1巻　紙本墨書　縦34.2cm　横121.0cm
鎌倉時代　嘉元三年(1305)　重文　(御経蔵　心蓮院伝来)

日本地図を初めて作ったのは奈良時代の高僧行基であるとの説が遅くとも中世初期には語られ、68の国々を重ね繋げるように描く「行基図」が制作された。本図はその最古本で、奥書に「行基菩薩御作」と記し、末尾に嘉元三年大呂(十二月)の書写年月と、「外見に及ぶべからず」と注記する。五畿七道の所属や郡の数が記され、都から各国へ通じる官道が朱線で示されるので、日本各国の行政把握を目的とした図、さらには国土内から悪鬼を追い払う追儺祭に用いられたとする説もある。

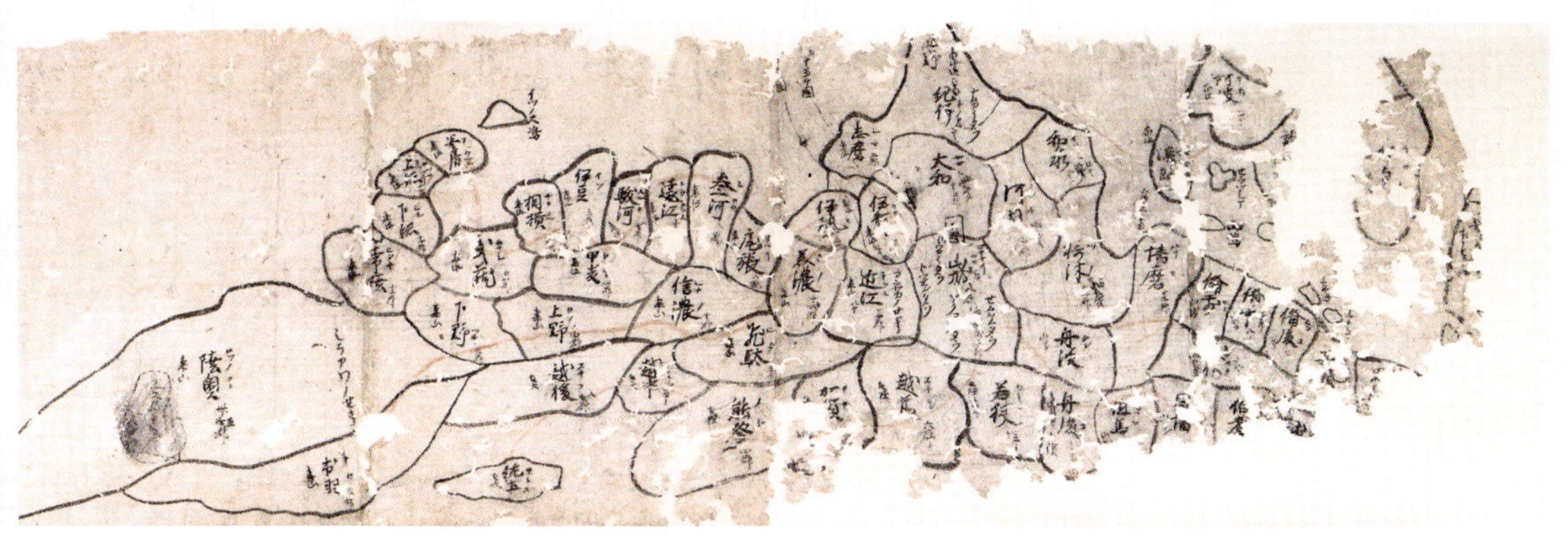

特集四

院家と石立僧――『山水并野形図』の世界

仁和寺の院家、心蓮院には、『前栽秘抄』に匹敵する作庭書『山水并野形図』が伝来していた。本書からは、「石立僧」という造園専門の僧侶が存在した中世以前、石組みが宗教的な思想をより強く反映していたことが読みとれる。

＊石立僧と仁和寺院家＊

中世以前に庭園の造作は「石立」といい、それを担う主役は僧侶で、彼らは石立僧と呼ばれた。平安時代中期に名を知られた園城寺僧の延円は、絵阿闍梨と称されたように仏画もよくし、治安元年(一〇二一)に藤原頼通の高陽院第の石立を担っている。

ちょうどその前後の半世紀間に、円融寺・円教寺・円乗寺など天皇御願の院家が相次ぎ創建された仁和寺では、おそらくそれらの境内苑池の造作を通して、石立僧を輩出する土壌が培われた。たとえば、長承二年(一一三三)に待賢門院が造営した院家、法金剛院の滝石の高さ修正を担った浄意が知られる。

＊作庭秘伝書『山水并野形図』＊

院家の一つ、心蓮院に、かつて『山水并野形図』という、日本造園史にとってきわめて重要な作庭書が伝来していた。増円なる僧の撰述で、奥書に文安五年(一四四八)の美馬入道浄喜の相伝款記があり、これを文正元年(一四六六)に心蓮院の法印信厳が書写した旨を記す。かかる心蓮院伝来本が江戸時代に巷間へ出て、加賀藩主前田綱紀がこれを入手、今は前田育徳会の所蔵となる。ただ幸いに、心蓮院在院中さらなる書写本が作成され、塔中蔵聖教に現存する(本書では同写本を図版に掲載)。

増円の素性が特定しがたく、巻末系図の二人目から実在の確かな延円までの間の十四人の石立僧の実在が疑わしいこと、その後の浄喜まで多数の僧俗人名を記すことから、本書の内容を室町時代初め頃とみなす向きが多い。しかし本書は、作庭秘伝書として名高いもう一翼の『前栽秘抄』(平安時代末成立。『作庭記』の名で通る)に比して、石立の意味を中国の道教・仏教や真言密教に基づき解説するのが特色で、和様の作庭を解く『前栽秘抄』より早い時期の作庭思想を留めていると思しく、本書の意義を再評価すべきであろう。

＊『山水并野形図』の描く石とその思想＊

本書でまず目を引くのは、挿図の石と木の表現で、正倉院宝物にみるごとき古代の中国・日本絵画の山岳表現に通じる。石は画一的に描かれ、個々の呼称を反映していない。石は、苑池という空間の構成要素として、理念的に観想されるべきもの、という中国の本源的な作庭意識が窺えはしまいか。

全体を貫くのは、石に神霊が宿る、という意識である。神王石などの呼称や、「石が山に居たのと上下を逆に配置すると石霊が怒る」といった説は、明らかに道教思想に淵源をもつ。また「山水の石は、天竺の無熱池という池より起こり、八大竜王が領するものを立てる」という説は、古代中国の仏教僧の間ですでに喧伝されていた南贍部洲の中心の阿耨達池(竜王が住む)とそこから流れ出る四大河の世界観を石立に導入したものである。さらに「忌石は池の南に立て補陀落山を表すので観音石という」との説も、南インドの海上に観音住処の補陀落山が聳えるとの仏説による。

これらは東アジアにおける仏教的空間論の地下水脈をなす思想で、作庭論の根幹というにふさわしい。そもそも初期の作庭は僧侶が担ったのであるから、中国ですでに習合していた仏・道二教に思想根拠を求めるのは当然であった。本書の内容が『前栽秘抄』より古いと考える所以である。

木と石の表現

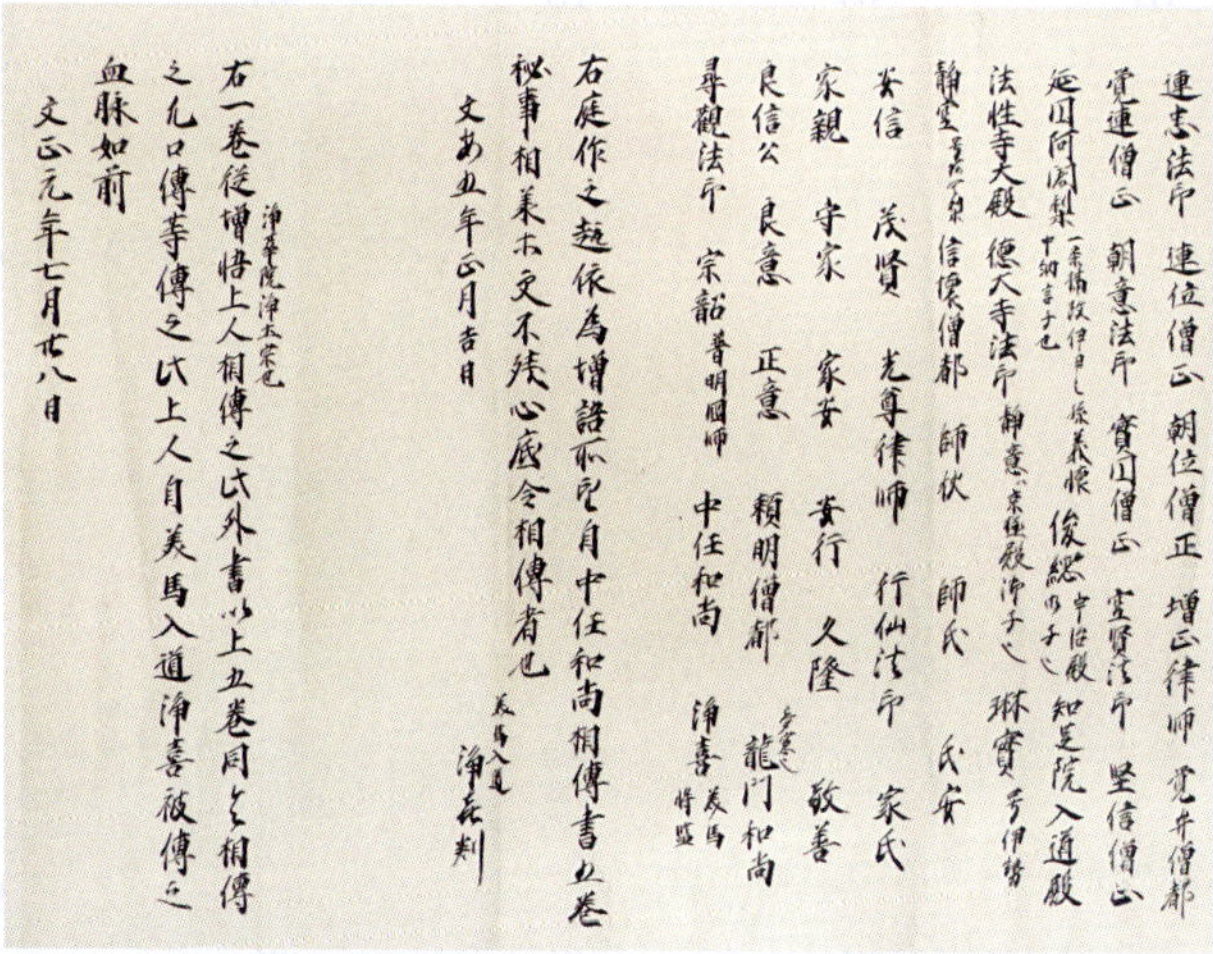

系図、奥書

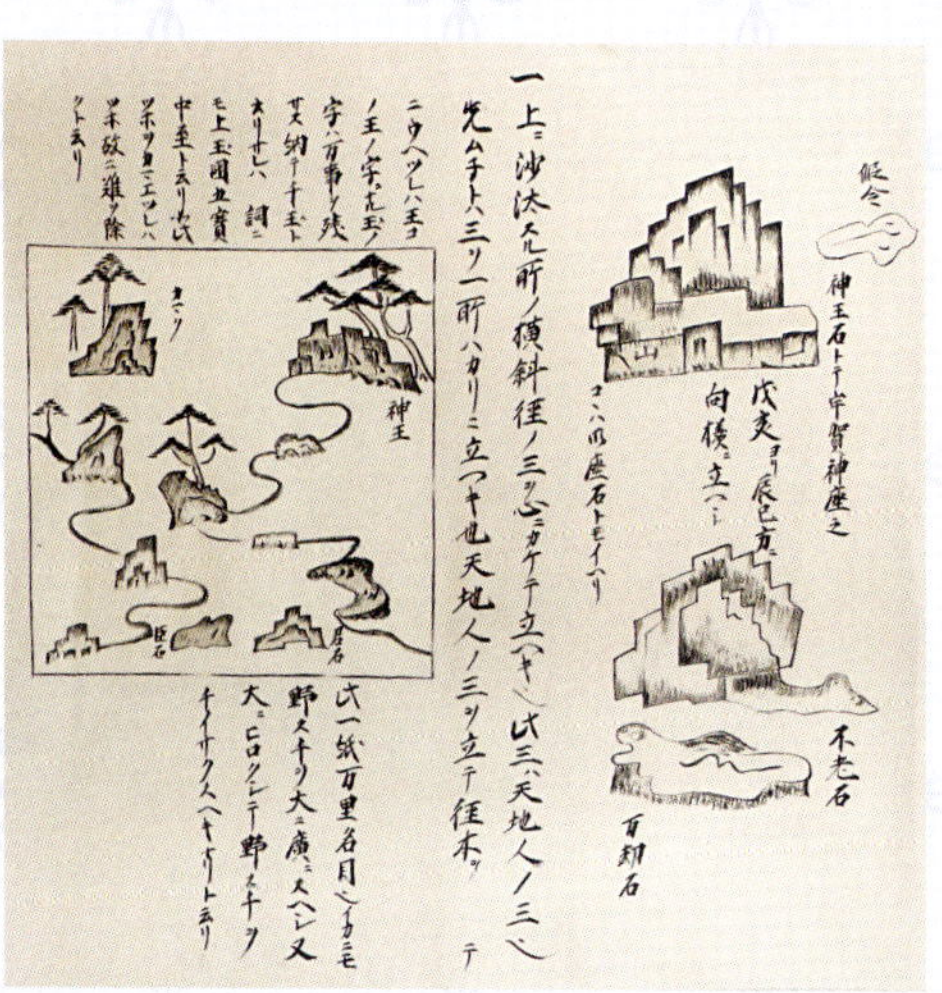

神王石の図

(3点とも)『山水并野形図』より　1巻　紙本墨書　縦28.2㎝　長1036.7㎝　江戸時代　（塔中蔵）

4 天皇宸翰と書跡

直筆に垣間見る天皇の個性

仁和寺には手鑑などの断簡を除き、高倉天皇（一一六一～八一）をはじめ、後宇多天皇（一二六七～一三二四）らの消息、伏見天皇（一二六五～一三一七）の唯識三十頌といった写経、後陽成天皇（一五七一～一六一七）の一行書、霊元天皇（一六五四～一七三二）の和歌懐紙など、あわせて十四名の天皇（計十九幅）の宸翰が残されている。

特に高倉天皇の宸翰は、兄であった第六世守覚法親王に宛てた消息であり、現存唯一のものである。その内容は、守覚が修した孔雀経法の霊験により中宮徳子が皇子（のちの安徳天皇）を無事に出産したことの礼を述べる内容であり、対して守覚は、皇子誕生の寿ぎとあわせて、天皇から賜った書を永く門流の鑑として伝えたいという返書を送っている。

「紺紙金泥薬師経」（→53頁）は、光格天皇（一七七一～一八四〇）自らが薬師経を書写するも、半ばにして崩御されたため、皇子であった第二十九世済仁法親王（一七九七～一八四七）が残りを書写し完成させた書継経である。その由来は、寺院の建立を願った光孝天皇と、寺院を完成させた宇多天皇を思い出させるのではないだろうか。

経典から文学の注釈書まで

このように多くの宸翰が仁和寺に残されているのは、歴代の多くが天皇の皇子皇孫で相承されていること、天皇からの信頼の厚さなどが大いに関係していることは間違いないのである。

書跡類としては、空海が唐から請来した『三十帖冊子』（→26頁）、『十地経・十力経・回向輪経』などの経典類、平安前期に書写された経典類としては『仏母大孔雀明王経（中・下）』（→29頁）、『如意輪儀軌』（→32頁）、淳祐（八九〇～九五三）筆書写『理趣釈』（→27頁）などが代表的である。記録類としては『承久三年・四年日次記』、藤原定家（一一六二～一二四一）の『明月記』（→53頁）、注釈書として『万葉集註釈』（→53頁）など、歴史的にみてもきわめて貴重なものが多い。

去年三合之厄運、両
度之変異、恐懼之
處、静謐之条、誠是
大法之霊験也、加之、
今年之為躰、風雨不
失時、是又護摩之利益
歟、法力之至、不知所謝
於勧賞事者、忩可被
仰候、毎事期面拝候者、
謹言、
四月十五日

後嵯峨天皇宸翰消息

1幅　紙本墨書　縦31.2cm　横102.0cm
鎌倉時代　寛元四年（1246）　国宝

後嵯峨天皇が寛元四年（1246）年四月に第九世道深法親王に宛てた消息。後嵯峨天皇の現存唯一の宸翰。寛元三年は「三合」という大厄年に加え、天災や兵乱が多いとされる年にあたり、天皇は法親王に孔雀経法を修し厄災がないよう依頼し、法親王は七日間にわたり祈ったのである。本消息は翌年四月十五日に法親王に宛てたもので、法親王の「大法之霊験」のおかげで無事前半の大凶を切り抜けたこと、気候が順調であるといった修法の効験を深謝している。

安産祈願を感謝する天皇（弟）と法親王（兄）の間で交わされた手紙

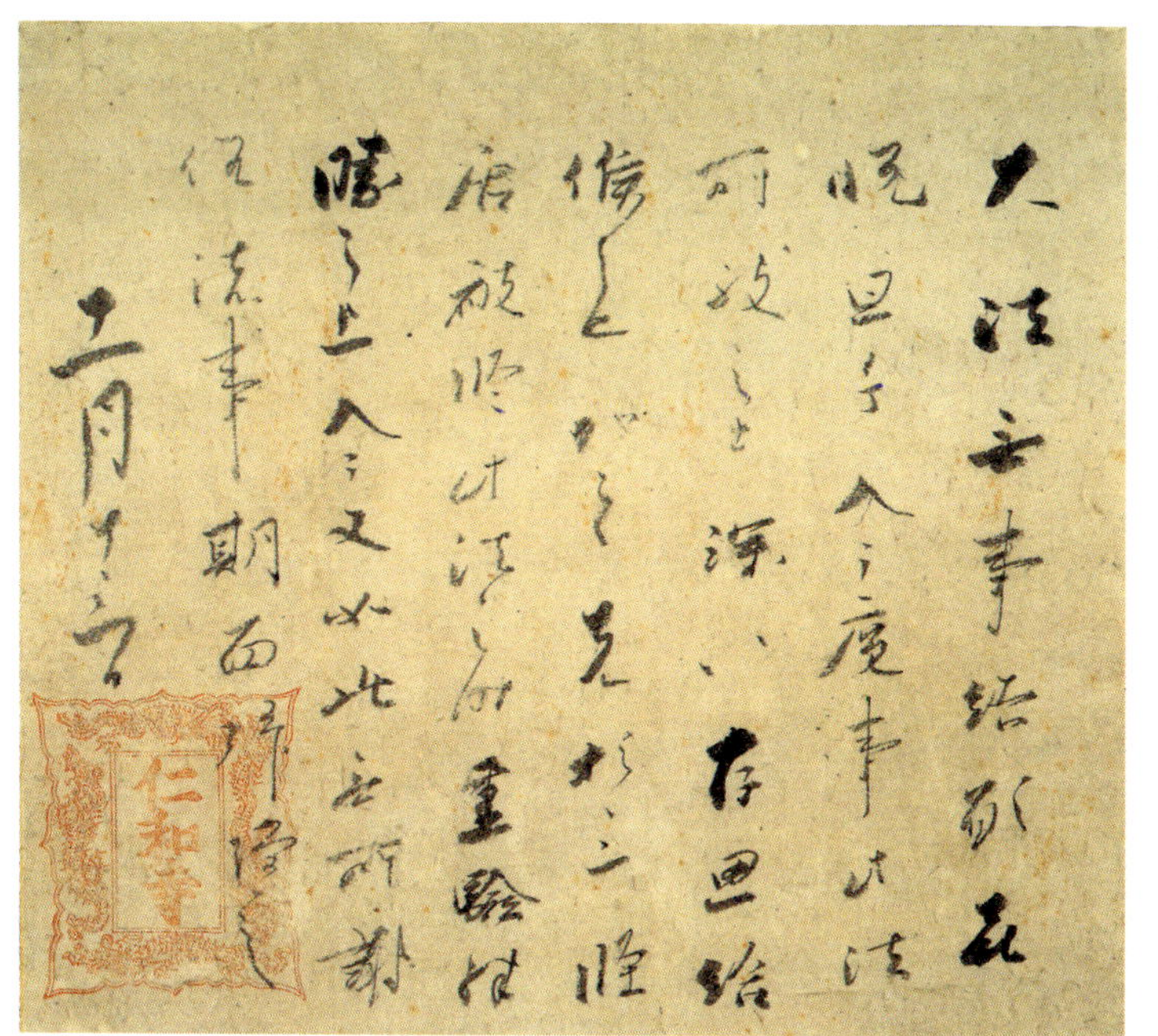

大法無事結願、喜
悦且千、今度事、此法
所致之由、深以存思給
候者也、加之、先於三條
殿、被修此法之時、霊験殊
勝之上、今又如此、無所謝
候、諸事期面拝、謹言、
十一月十三日

高倉天皇宸翰消息（たかくらてんのうしんかんしょうそく）

1幅　紙本墨書　縦29.7cm　横33.6cm　平安時代　治承二年（1178）　国宝

治承二年（1178）十月、平清盛（たいらのきよもり）（1118～81）の六波羅亭では、高倉天皇の中宮、徳子（建礼門院、1155～1214）の御産にあたり毎日のように修法が行われていた。それら修法の最後に第六世守覚法親王による孔雀経法が修され、十一月十二日に皇子（安徳天皇）が誕生する。この消息は誕生の翌日に天皇が法親王に宛てたもの。「大法無事結願、喜悦」で始まる文には、十八歳で父親となった天皇の悦びと感謝の念があふれている。

皇子降誕事、凡不能
左右候、一天大幸、何事
如之哉、更非言辞之所
及候而、今披 綸旨、不覚
之涙難禁候、宗之光
華、身之眉目候歟、永
以此天書、可備門跡之
後鑒候、恐悦之至、殊可
参謝候、以此趣可被披露
之状如件、敬白、
十一月十三日　守覚奉

守覚法親王消息（しゅうかくほうしんのうしょうそく）

1幅　紙本墨書　縦29.1cm　横47.3cm
平安時代　治承二年（1178）　国宝附

高倉天皇からの消息に対し守覚法親王が天皇に宛てた返書で、当日したためられている。天皇が向ける兄、法親王への感謝の気持に対し、謝辞に感激する法親王。二人の思いは、どちらの消息も現存していたからこそ、より深く理解できるのではないだろうか。

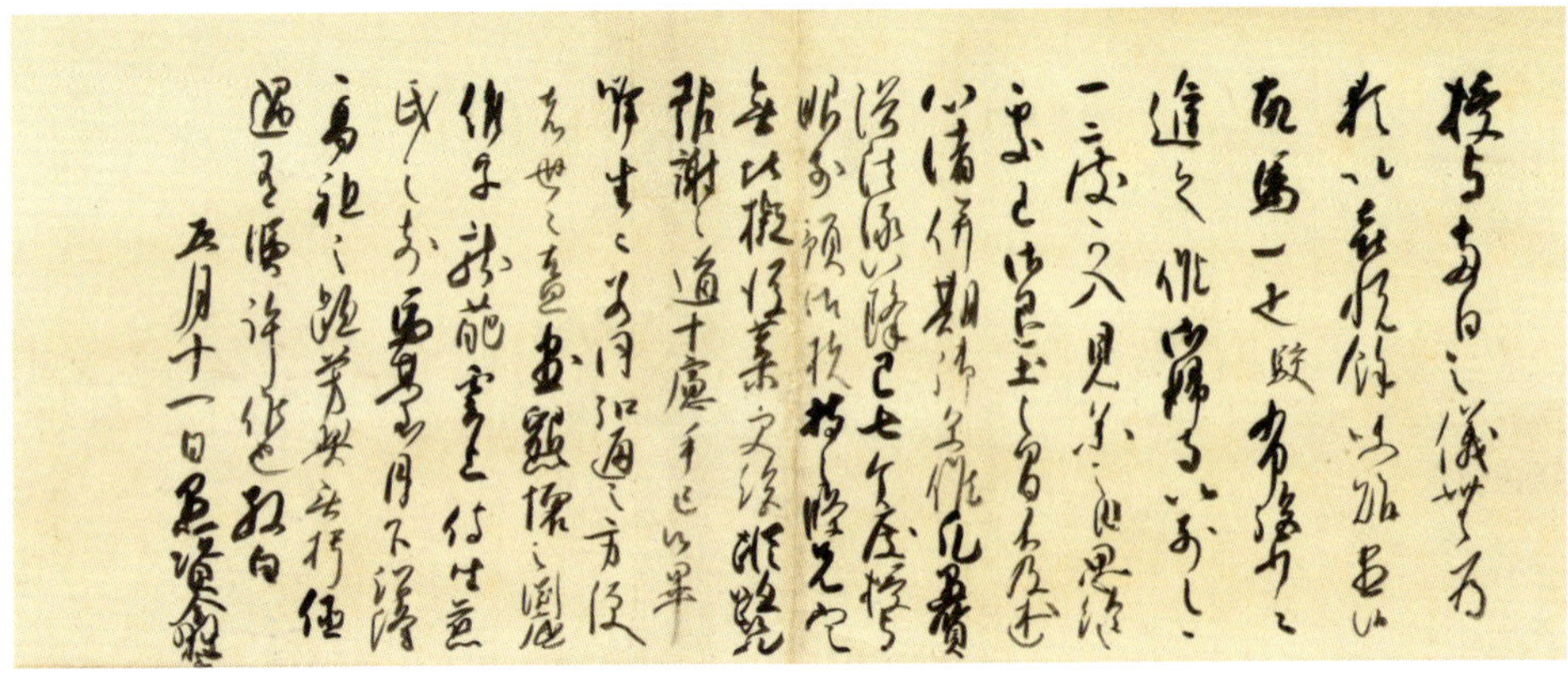

後宇多天皇宸翰消息（ごうだてんのうしんかんしょうそく）　（五月十一日）

1幅　紙本墨書　縦34.0cm　横106.0cm　鎌倉時代　元亨二年（1322）　重文　（真光院伝来）

後宇多法皇は元亨二年（1322）五月九日・十日の両日にわたって、仁和寺勝宝院道意（どうい）（1290～1356）へ伝法灌頂を授けた。この消息はその翌日、後見役をつとめた仁和寺真光院禅助（ぜんじょ）（1247～1330）に宛てたもので、無事に終えられたこと、今回で七度に及ぶ禅助の後見に対して深い感謝を述べている。また帰寺の前に会えなかったことなども記されており、二人の親交の深さが伝わる消息。署名の「金剛性」とは後宇多法皇の法名。

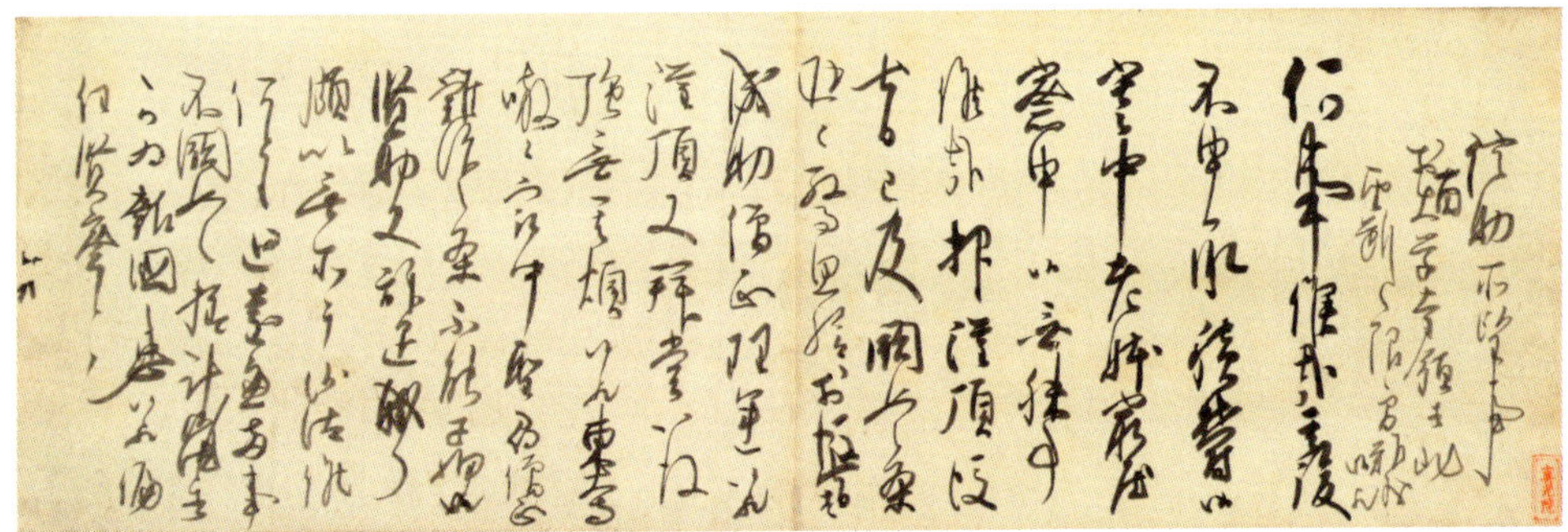

後醍醐天皇宸翰消息（ごだいごてんのうしんかんしょうそく）

1幅　紙本墨書　縦35.0cm　横106.2cm　鎌倉時代　元徳元年（1329）　重文　（真光院伝来）

後醍醐天皇が仁和寺真光院禅助に宛てた消息。元徳元年の末、来る正月に行われる東寺の結縁（けちえん）灌頂、および宮中真言院での後七日御修法の大阿闍梨の人選について諮問する消息。禅助に全信頼を寄せていた天皇だからこその消息である。禅助の指南を受け、結縁灌頂は聖尋、後七日御修法は成助がそれぞれ大阿闍梨として滞りなく修された。禅助は元徳二年二月十一日に八十四歳で没している。この消息を受け取って二カ月余りのちのことであった。

般若心経（はんにゃしんぎょう）　桜町天皇宸翰（さくらまちてんのうしんかん）

1巻　紺紙金字
縦27.2cm　全長105.4cm
江戸時代　寛保三年（1743）　重文

桜町天皇（1720～50）が父帝中御門天皇（1702～37）の七回忌にあたって書写した般若心経。元文二年（1737）四月十一日の中御門天皇崩御ののち、朝廷では毎年経供養が行われていたが、七回忌の寛保三年には四月七日より懺法講（せんぼうこう）が執行され、命日の十一日は追福のために天皇自らが般若心経を書写した。奥書に「寛保三年四月十一日大日本国天子昭仁敬書」と署名する。桜町天皇の異母弟、慈仁（じにん）法親王と遵仁（じゅんにん）法親王が仁和寺第二十五世・二十六世であったため、仁和寺の所蔵となった可能性がある。

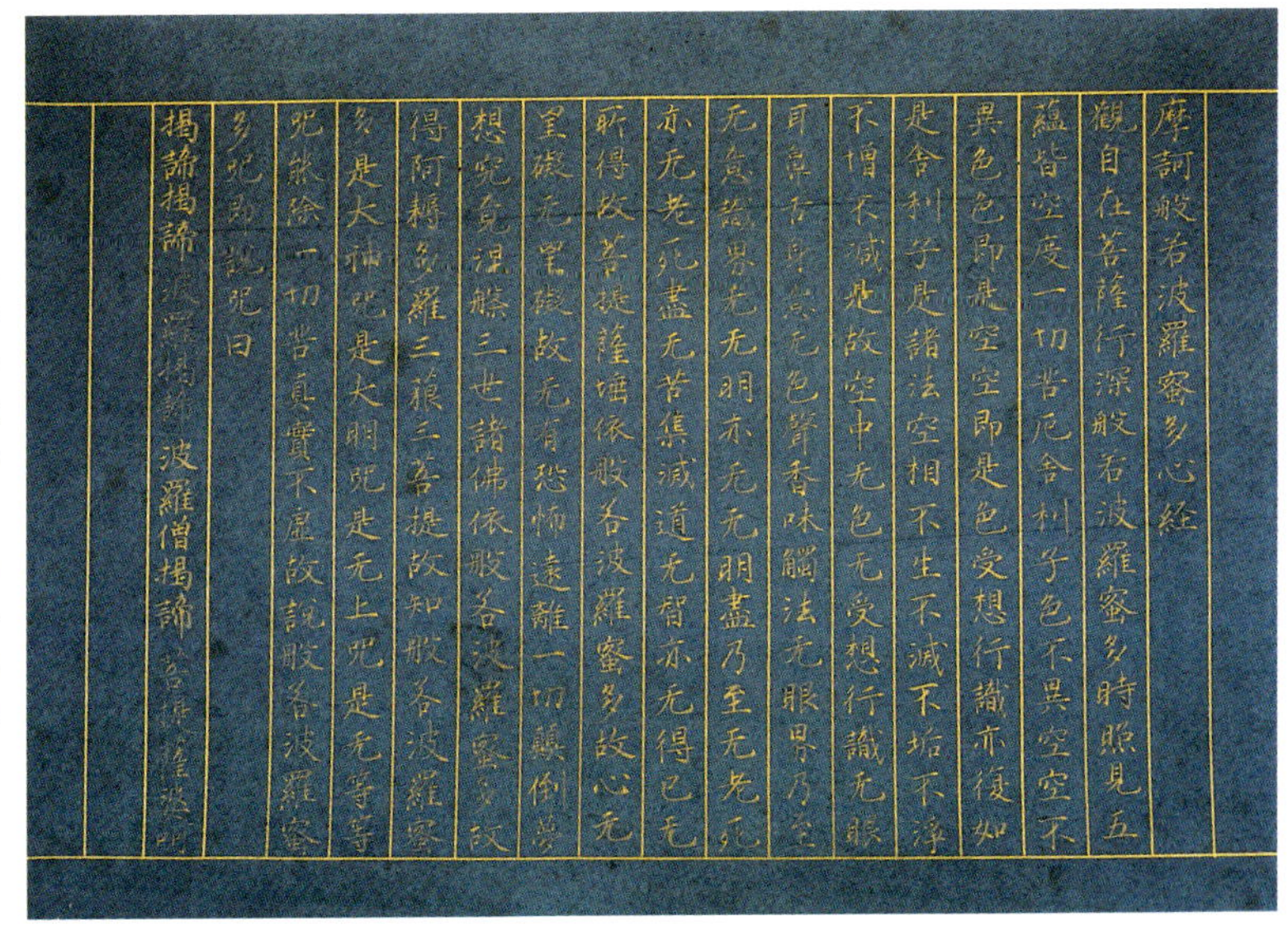

必定不受三惡趣生或有女人臨當産時受
於極苦若能至心稱名禮讃恭敬供養彼如
来者衆苦皆除所生之子身分具足形色端
正見者歡喜利根聰明安隱少病無有非人
奪其精氣
爾時世尊告阿難言如我稱揚彼世尊藥師
瑠璃光如来所有功德此是諸佛甚深行處

書き継ぎ部分

藥師瑠璃光如来本願功德經
如是我聞一時薄伽梵遊化諸國至廣嚴城
住樂音樹下與大苾芻衆八千人倶菩薩摩
訶薩三萬六千及國王大臣婆羅門居士天
龍八部人非人等無量大衆恭敬圍繞而為
説法
介時曼殊室利法王子承佛威神從座而起
偏袒一肩右膝著地向薄伽梵曲躬合掌白
言世尊唯願演説如是相類諸佛名號及本
大願殊勝功德令諸聞者業障消除為欲利
樂像法轉時諸有情故
介時世尊讃曼殊室利童子言善哉善哉曼

紺紙金泥薬師経（こんしきんでいやくしきょう）　光格天皇宸翰（こうかくてんのうしんかん）

1巻　紺紙金泥　縦28.3㎝　全長789.3㎝　江戸時代　重文

光格天皇は、自らが薬師経を書写するも半ばにして崩御されたため、皇子であった第二十九世済仁法親王が後半を書写したもの。天皇が崩じたのは天保十一年(1840)十一月十九日のことで、晩年の天皇の筆跡を知る上でも大変貴重である。経典が仁和寺に納められたのち、法親王は天皇の冥福を祈り、崩御翌年の十月には写経を終えている。書き継がれたことで天皇の端正な文字と済仁法親王の力強い文字の対比をみることができる(左写真)。

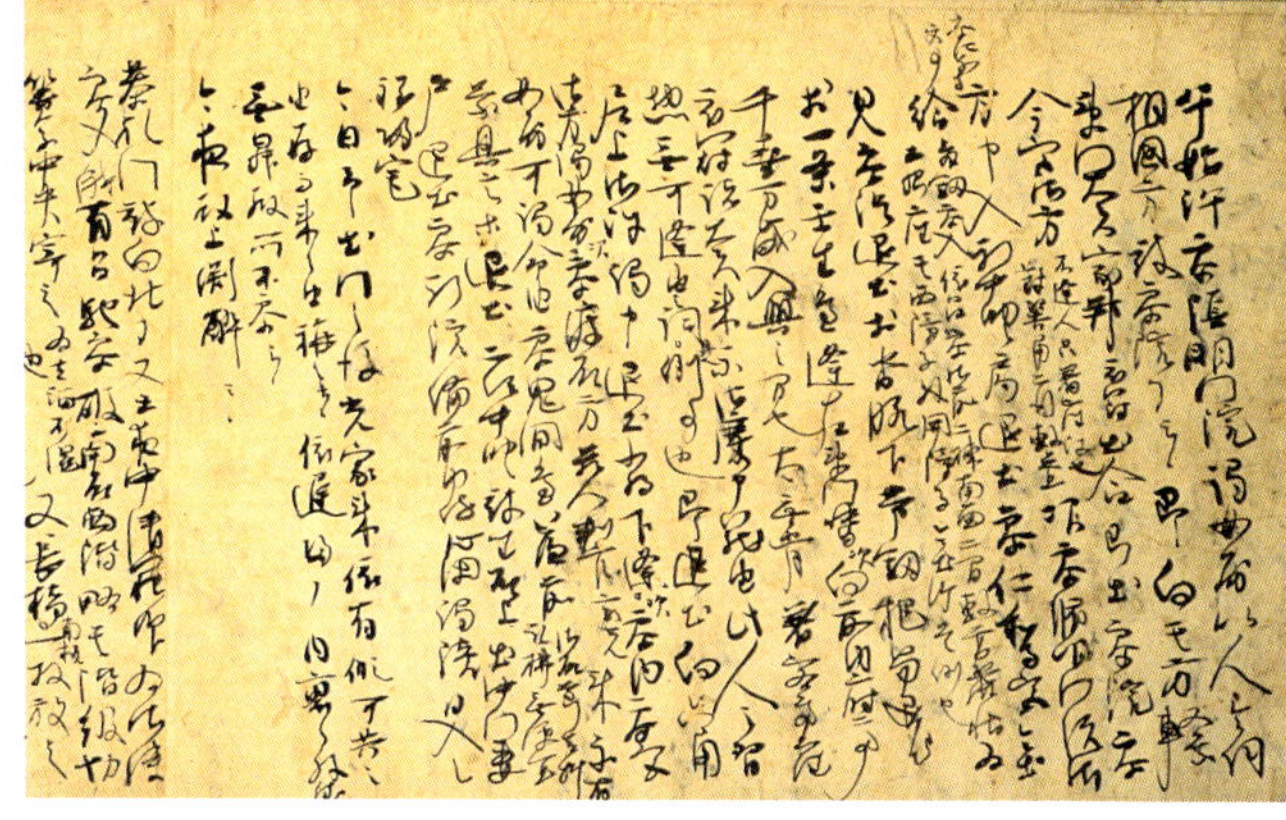

明月記（めいげつき）(十一紙)（じゅういっし）　藤原定家筆（ふじわらのさだいえ）

1巻　紙本墨書
縦29.7㎝　全長534.8㎝　鎌倉時代

藤原定家(1162～1241)の日記『明月記』の断簡十一紙をつなぎ合わせて一巻としたもの。連続しない断簡で年紀の判明しないものも多いが、大半は建暦・建保年間(1211～19)のものと推定される。巻末には定家の末裔にあたる冷泉為清（れいぜいためきよ）(1631～68)の極書（きわめがき）も残る。

第一紙の建保元年正月三日部分に「仁和寺宮に参ず」とあり、この記述が縁で安永二年(1773)に仁和寺の所蔵となった。

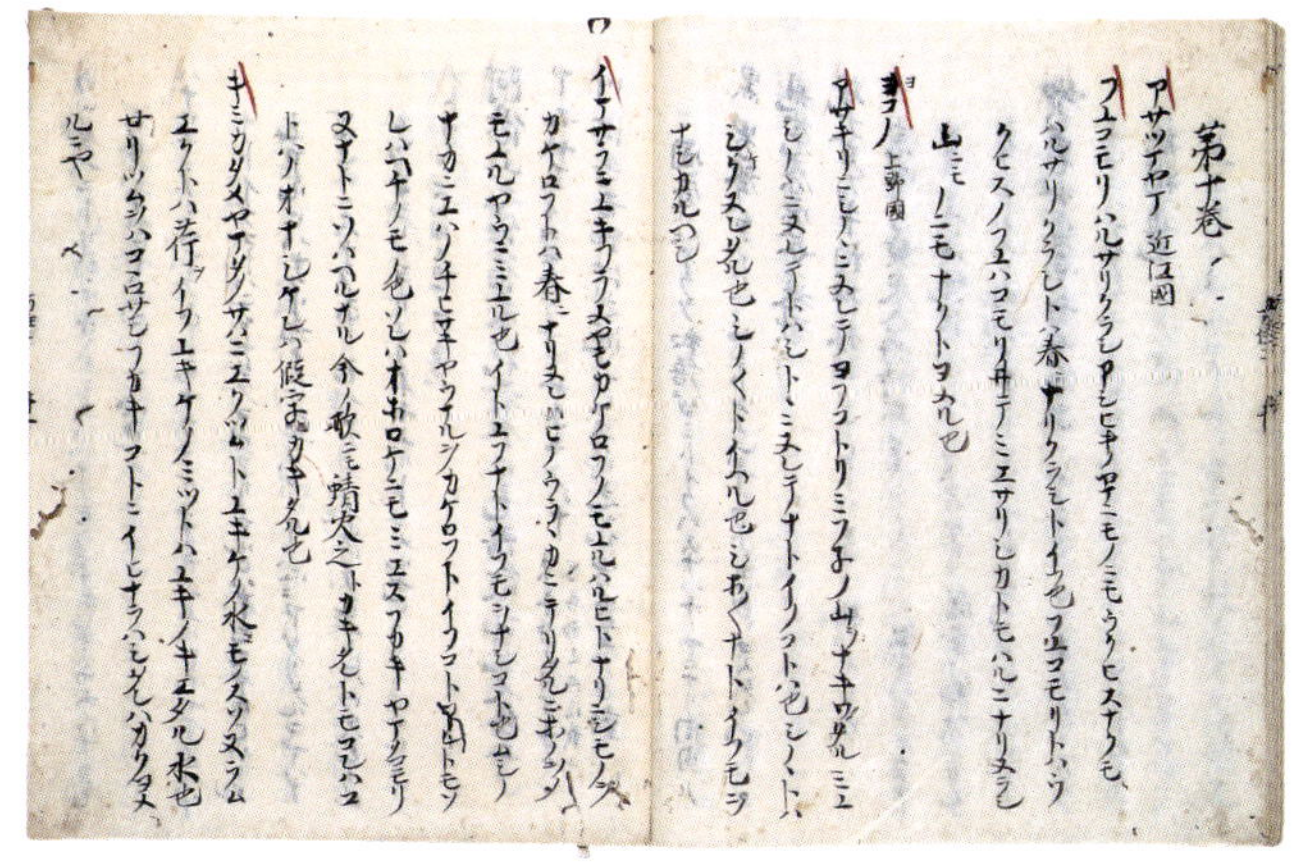

万葉集註釈（まんようしゅうちゅうしゃく）

9冊　紙本墨書　(各)縦28.3㎝　横23.4㎝
南北朝時代　重文

『万葉集』の注釈書の古写本。『万葉集抄』『仙覚抄』とも呼ばれる。天台宗の僧仙覚（せんがく）の著であり文永六年(1269)に成立した。仁和寺本は全十冊の内、残念なことに第一を欠くが、第二・第十には貞和三年(1347)の校合奥書(7月9日・7月23日)が朱書で残る。

最も古い写本は弘安八年(1285)本だが、仁和寺本はこれに次いで古く、かつまとまって残されている。

特集五

東洋医学の至宝

仁和寺伝来の資料で特筆すべきものに、医学書の古写本がある。日本最古の医学書から、中国ですでに失われたものまで、心蓮院に医家の息子が入ったことから充実した蔵書となったと考えられる。

＊医学を心得た僧が持ち込んだ貴重書＊

仁和寺には、仏教典籍以外にも触れておかなければならないものがある。それは『医心方』をはじめとする医学書である。

『医心方』は鍼博士丹波康頼（九一二〜九九五）が、天元五年（九八二）に撰述を終え、永観二年（九八四）に奏進した日本最古の医学書であり、『黄帝内経太素（医学理論）』『黄帝内経明堂（臨床治療）』は、中国の伝説上の皇帝である黄帝と名医岐伯との問答形式で作られた医書『黄帝内経』の注釈書である。『新修本草』は唐高宗の顕慶四年（六五九）、李勣・蘇敬らによって撰述され皇帝に奉じられた医書で、薬草・薬果・薬石など、八五〇種の本草（薬品）が収載されている。

貴重な医書が仁和寺に伝来したのは、心蓮院の旧蔵文書として『典薬寮官人歴名』『典薬頭補任歴名断簡』『和氏丹氏任官歴名』（すべて南北朝時代）など、典薬寮関係資料がまとまって残されていたこと、医家であった和気明重（?〜一五一九）の子、裔恰（?〜一五七九）が心蓮院に入寺していたことなどから、心蓮院もしくは裔恰を介して所蔵となった可能性が考えられる。

これら医学書はすべて古写本ではあるものの、中国でも早くに失われてしまった医書であることからその史料的価値はきわめて高く、中国・日本の医学史を語る上で、さらには現在の医学関係者にとってもこの上ない至宝といえよう。

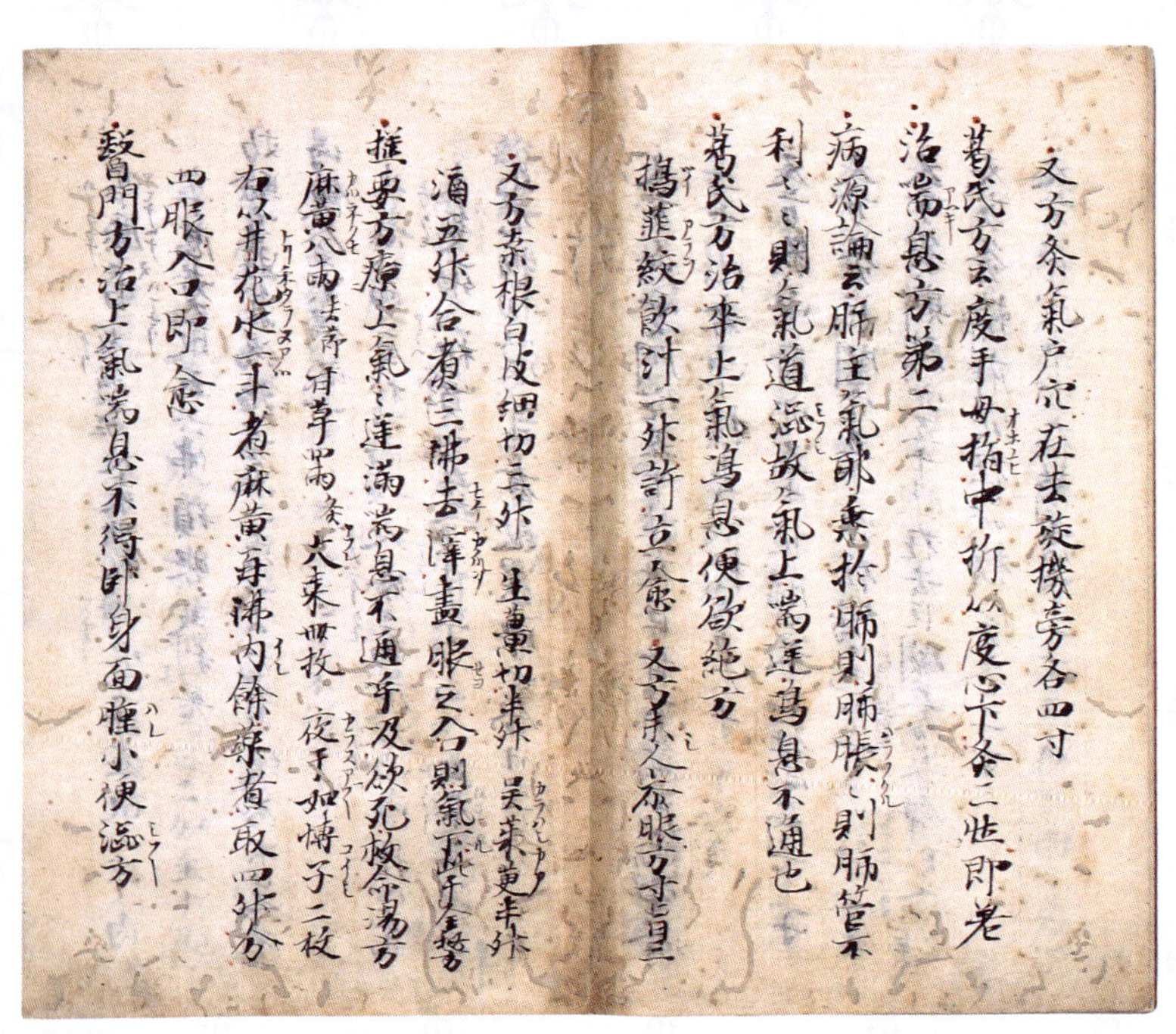
又方灸氣戸穴在去旋機旁各四寸
葛氏方云度手毋指中折以度心下灸二壯即差
治當息方第二
病源論云肺主氣邪乗於肺則肺脹〻則肺管不
利〻則氣道澁故氣上喘逆鳴息不通也
葛氏方治卒上氣鳴息便欲絶方
擣韮絞取汁一升許立愈 又方末人参服方寸匕日五
又方桑根白皮細切三升 生薑切半升 呉茱萸半升
酒五升合煮三沸去滓盡服之〻則氣下
崔要方療上氣〻逆滿喘息不通呼吸欲死救命湯方
麻黄八兩去節 甘草四兩炙 大棗廿枚 射干如博子二枚
右以井花水一斗煮麻黄再沸内餘藥煮取四升分
四服入口即愈
醫門方治上氣喘息不得臥身面腫小便澁方

医心方

5帖　紙本墨書　縦27.2cm　横16.7cm　平安時代前期　国宝

鍼博士であった丹波康頼が隋・唐の医書百数十部を底本として撰述した、日本最古の医学書『医心方』の古写本。康頼は天元五年（982）に撰述を終え、永観二年（984）に奏進した。その内容は治病大体部・鍼灸部など30部門（全30巻）に分かれており、仁和寺本はその内の５帖（巻第一・第五・第七・第九・第十残巻）が残る。書き込みや注が少なく、原本により近い形で現存している。

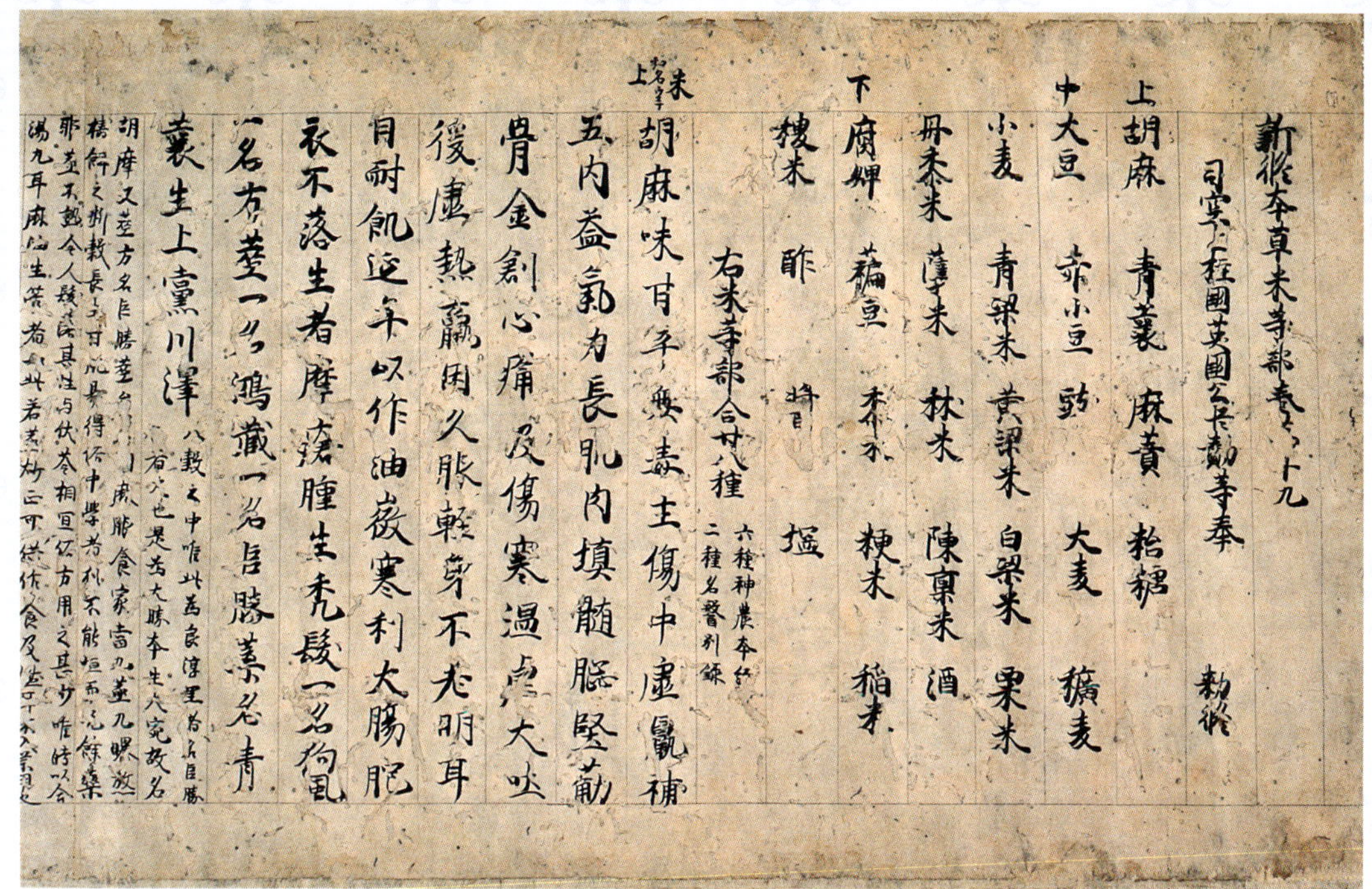

新修本草米等部巻第十九
司空上柱國英國公臣勣等奉　勅修
上　胡麻　青蘘　麻蕡　飴糖
中　大豆　赤小豆　豉　大麦　穬麦
小麦　青粱米　黄粱米　白粱米　粟米
丹黍米　蘗米　秫米　陳廩米　酒
下　腐婢　藊豆　黍米　粳米　稲米
稷米　酢　醤　塩
右米等部合廿八種　六種神農本経　二種名医別録
胡麻味甘平無毒主傷中虚羸補五内益気力長肌肉填髄脳堅筋骨金創心痛及傷寒温瘧大吐後虚熱羸困久服軽身不老明耳目耐飢延年以作油微寒利大腸胞衣不落生者摩瘡腫生禿髪一名巨勝一名方茎一名狗虱一名鴻蔵一名巨勝苗名青蘘生上党川沢

新修本草（しんしゅうほんぞう）　巻第十九

5巻　紙本墨書　縦29.6cm　全長374.0cm　鎌倉時代　国宝

『新修本草』とは唐・高宗の顕慶四年(659)、李勣や蘇敬らが２年をかけて撰述し、皇帝に奉じた医書で、およそ850種の薬品(本草)を収載する。本書は日本の本草学にも大きな影響を与えた。仁和寺に残るのは巻第四(玉石等部中品)、第五(玉石等部下品)、第十二(木部之上品)、第十七(菓部)、第十九(米等部)の５巻だが、中国では早くに亡失してしまった医書である。

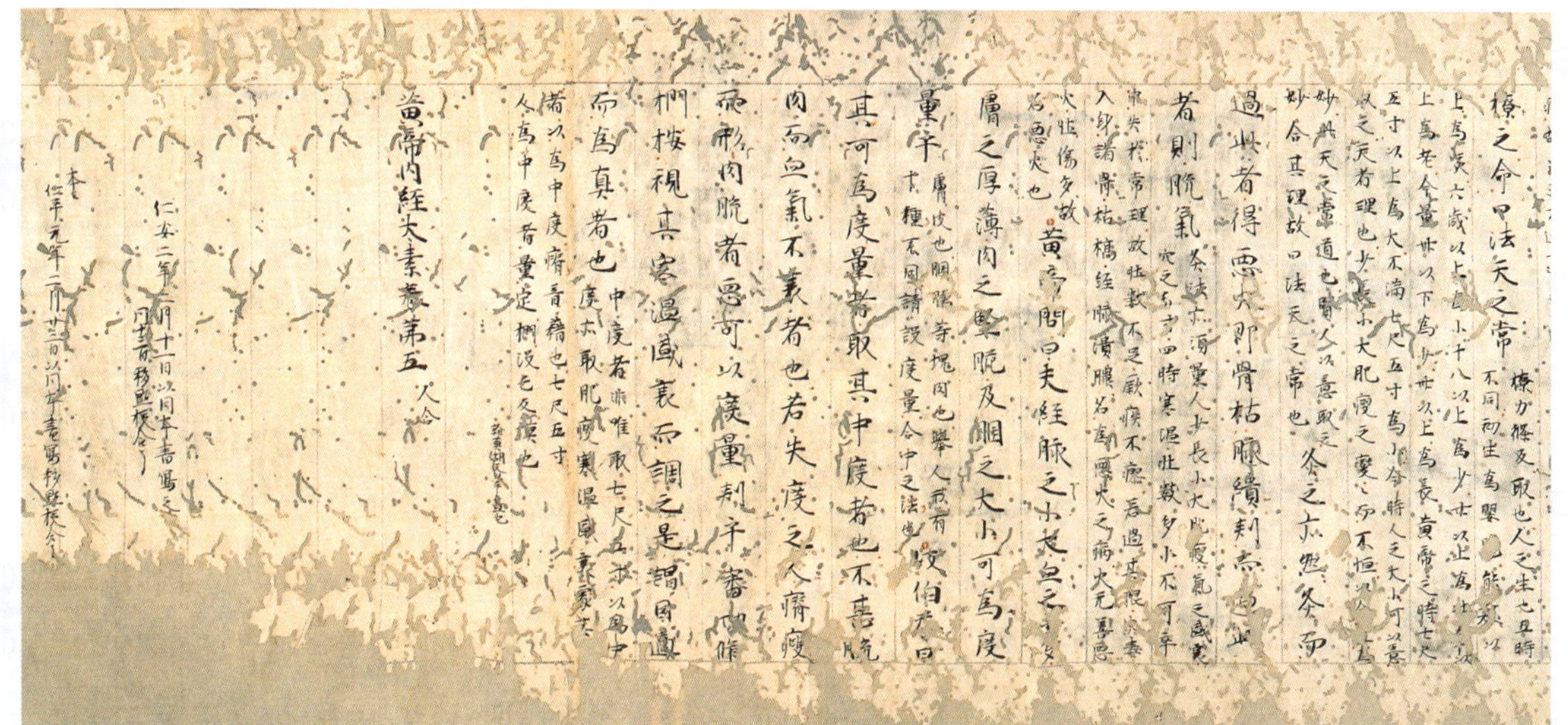

黄帝内経太素（こうていだいけいたいそ）　巻第五

23巻　紙本墨書　〈巻第二〉縦27.9cm　全長992.0cm　平安時代　仁安二、三年(1167、68)　国宝

中国の伝説上の皇帝である黄帝と名医岐伯（ぎはく）らとの問答形式で作られた医書『黄帝内経』の注釈書。随の大業年間(605～617)、楊上善（ようじょうぜん）が勅命によって撰注したもの。『太素』(30巻)は医学理論について、『明堂』(13巻)は臨床の実験、特に鍼灸について記す。

中国では宋代の時には失われており、この仁和寺本が現存最古。『太素』は丹波頼基が仁安二、三年に書写したものであるが、奥書には仁平元年(1151)から保元二年(1157)にかけて、丹波憲基が移点・校合した本を基にしていたことが記されている。また、明堂も巻一のみ所蔵する。

第三章 応仁の乱での焼失と再興（室町時代～江戸時代初期）

記録によれば、応仁の乱後、仁和寺のあったところには、ことごとく荒野が広がっていた。かろうじて法灯は途絶えなかったものの、本格的な再興までには、一五〇年以上も待たなければならなかった。その間、本坊の役割を果たしたのが真光院であった。

1 再興までの道のり

応仁の乱による焼失

仁和寺は仁和四年（八八八）の創建から、院家を含め何度か堂宇が焼失している。特に元永二年（一一一九）四月十三日には金堂など多くの堂宇が焼失したものの、同年十二月には金堂と鐘楼が再建されている。この早い再建は仁和寺自体に隆盛が続いていたことを示す。

しかし、応仁元年（一四六七）に始まった乱ではそうはいかなかった。応仁二年九月四日、仁和寺に陣を構えていた西軍に対し、東軍が総攻撃をかけ、金堂をはじめとする堂塔がことごとく焼亡した。激しい戦いは仁和寺をも巻き込んだのである。

その時の有様を伝え聞いた東福寺の僧太極（一四二一～？）は、日記『碧山日録』に「東兵焼北山仁和寺、正印之悟蔵司、来説寺中西兵擾乱」と記している。悟蔵司という僧が語った話によると、東軍によって仁和寺が焼かれたことで仁和寺に陣取っていた西軍の兵たちは入り乱れていた状態であったという。西軍側にしてみれば、仁和寺に火を放たれるという予想外の出来事が「擾乱」を招いたのである。

応仁の乱が沈静化したのちの仁和寺の様子は、中御門宣胤（一四四二～一五二五）の日記『宣胤卿記』の文明十二年（一四八〇）二月部分にみられる。「北山仁和寺辺巡見、一乱始悉成荒野、於北山者、鹿苑寺、等持寺、真如寺、又竹内門跡等、于今残了、仁和寺者、奉始御室　悉以荒野也」、すなわち鹿苑寺や真如寺がその伽藍をとどめていたのに対し、仁和寺は見る影もなかったというのである。宣胤が「一乱始悉成荒野」「悉以荒野也」と繰り返し述べているほどに、仁和寺は「荒野」だけが広がっていたのであった。

乱から四十年以上過ぎた大永四年

苦難を極めた応仁の乱後の復興
難を逃れた院家で仏法の灯はともり続けた

木製活字

2224個　木製　縦（最大）22㎜　横（最大）22㎜
桃山～江戸時代

舟橋秀賢の日記『慶長日件録』慶長九年（1604）五月二十五日条に記される「和（倭）玉篇一字板」の一部。現在450個残されている。ほかにも中活字1582個、小活字192個が現存し、なかには墨の付いていない（未使用）木製活字もある。これまで倭玉篇の出版活動が行われていたのは心蓮院と考えられていたが、『慶長日件録』以外に記録がなかった。しかし心蓮院旧蔵文書のなかに、実際に刷り損じとなった倭玉篇が巻物の裏打ち紙や包紙として再利用されていたため、実際に出版活動が行われていたことが判明した。

（一五二四）には勧進が行われるも、大きな成果はなかった。以前のように素早い再建はなされず、苦難の道を歩んでいたのである。しかし、この苦難の歩みを支えていたのが院家であり、仁和寺の法灯は真光院に移され継承されていた。

仁和寺本坊・御室の御所としての院家、真光院

真光院は覚瑜が建立した院家で、正和六年（一三一七）に一度焼失しているも再建された。建立場所は仁和寺の近く、双ヶ丘の麓にあり、『仁和寺諸院家記』にも「二岡西麓也」と記されていることから、双ヶ丘の二の岡西麓に建立されていたようである。

また応仁の乱の戦火を受けなかったらしく、仁和寺が再興される正保三年（一六四六）まで一五〇年以上も仁和寺本坊としての役割をしていた。江戸時代の仁和寺再興直後の様子を示す『仁和寺伽藍古御殿図』に、真光院には御堂だけでなく、塔や鐘楼、鎮守や経蔵、門などが建立され、門前には寺町があったことも記されている。

本坊以外にも、本尊阿弥陀三尊をはじめ聖教・古文書、宝物・什物類などの保管場所でもあったようで、これら聖教類は現在も仁和寺の法灯とともに確かに伝えられているのである。

真光院以外の院家に関して詳しい資料は少ないが、心蓮院において倭玉篇（古活字本）の制作が行われていたことが、舟橋秀賢（一五七五～一六一四）の日記『慶長日件録』慶長九年（一六〇四）五月廿五日条に記されている。古活字本は慶長年間に後陽成天皇（一五七一～一六一七）の勅版として刊行されていることで知られているが、院家においても制作されていたことは、当時最新の出版技術を持っていたことにほかならず、また当時の御室であった覚深法親王の命で行われていた可能性も考えられる。

部分

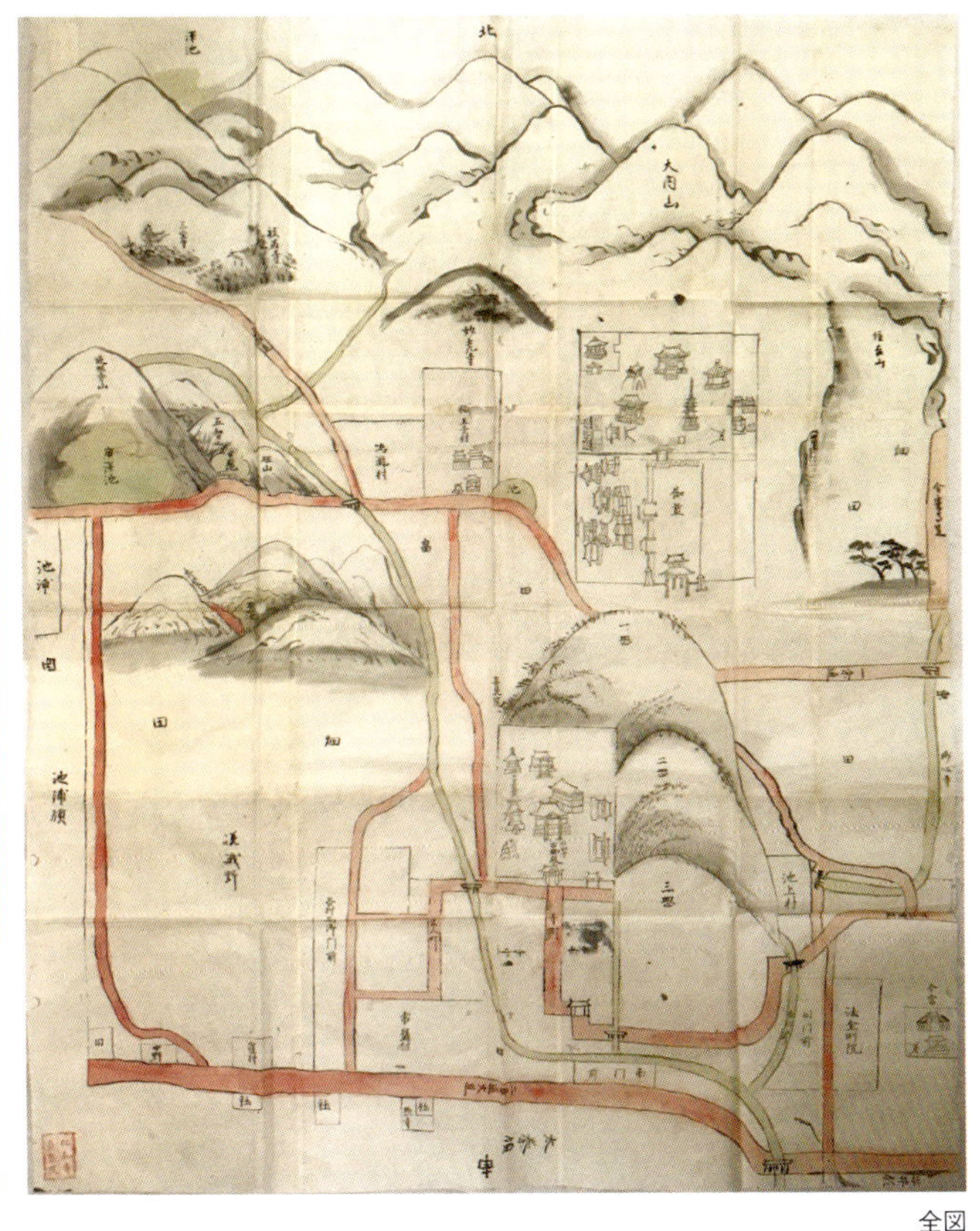

全図

仁和寺伽藍古御殿図

1鋪　紙本著色　縦115.5㎝　横94.0㎝
江戸時代　（御経蔵　真乗院伝来）

仁和寺とその周辺を描いた図で真乗院に伝わっていたもの。本図は図の中央に「（仁和寺）伽藍」と「仁和寺古御殿」と書かれた二つの寺院が描かれていることから、仁和寺再興（正保四年・1646）直後のものと考えられる。古御殿とは、応仁の乱以降、仁和寺の御殿（本坊）となっていた真光院を指す。古御殿にはさまざまな建造物があり、その周辺には寺町ができていたことがわかる。双ヶ丘での仁和寺の様子を伝えるきわめて珍しい図。

2 覚深法親王と再興

御所の建替と同時に始まった再建

仁和寺に再興の機会が訪れたのは、応仁の乱から約一五〇年後、寛永年間（一六二四～四四）に入ってからである。『仁和寺御伝』（顕證書写本）によれば、寛永十一年七月二十四日、第二十一世覚深法親王（一五八八～一六四八）が、上洛していた三代将軍徳川家光（一六〇四～五一）に再興の申し入れを行い、同二十八日に酒井讃岐守忠勝（一五八七～一六六二）から再興を承諾した、という知らせを受けたことが記されている。

この再興の申し入れまでに、酒井忠勝や当時京都所司代であった板倉重宗（一五八六～一六五七）らが、真光院僧正や菩提院僧正に宛てた書状が残されており（『当寺御造営方文書』）、悲願であった仁和寺再興に向けた準備が水面下で着々と動いていたことが知れるのである。

寛永十七年になり、御所の建替と同時期に、仁和寺再興が本格的に始まる。心蓮院にも住した僧、顕證（一五九七～一六七八）の日記『一音房

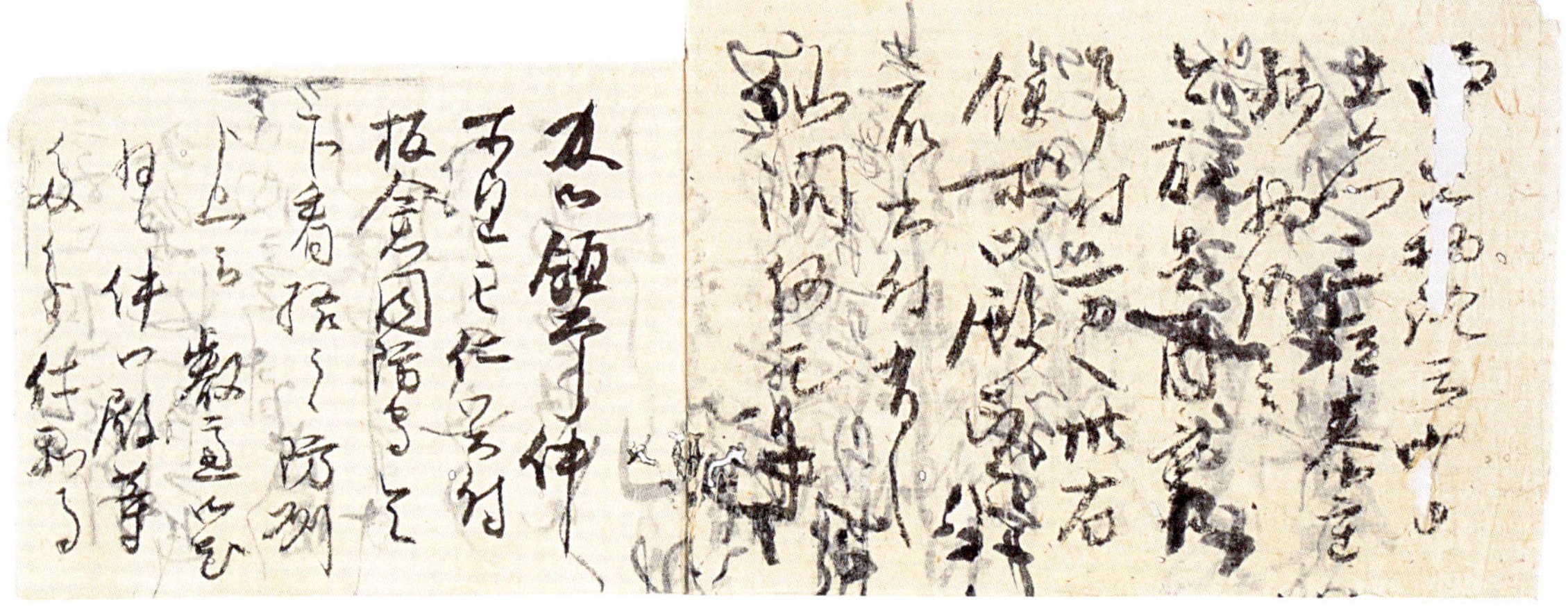

寛永十七年十一月九日条

顕證（一音坊）日次記　（第一冊）

48冊　紙本墨書　縦14.6cm　横21.0cm
江戸時代　（御経蔵　尊寿院伝来）

顕證が残した日記は、寛永八年～寛文七年（1631～67）まで48冊現存し、そのほとんどが書状などの紙背を用いて書かれている。内容は顕證の日常に留まらず、仁和寺再興時の仏師の出入りや工事工程などの記録もあることから、現在伝わらない『再興記』にかわり大変貴重な日記である。長く尊寿院で保管されていたが、文久二年（1862）、仁和寺に納入された。

架鷹図　曽我直庵筆

六曲屏風　一双　紙本著色
第一・六扇　（各）縦115.2cm　横52.8cm
第二～五扇　（各）縦115.2cm　横53.5cm
桃山時代

架鷹図とは架と呼ばれる止まり木の上に鷹を描くもので、武家社会における名鷹愛玩の風潮などを反映して、桃山～江戸時代にかけて多く制作された。本図は六曲一双を利用し、一扇に１羽、計12羽の鷹を描く。また各扇ごとに羽の色や姿態、縄の結び方などに変化を持たせ、その違いを比較・鑑賞できるように工夫されている。特に白鷹は珍重されたため、架の留金部分には、ほかの鷹にはない色鮮やかな文様が施されている。筆者は曽我直庵。各扇に「心誉」の朱文円印が見える。納入時期は不明であるが、直庵は北野天満宮に慶長十五年（1615）の奉納銘がある作品を残しているため、再興前後に納入された可能性がある。

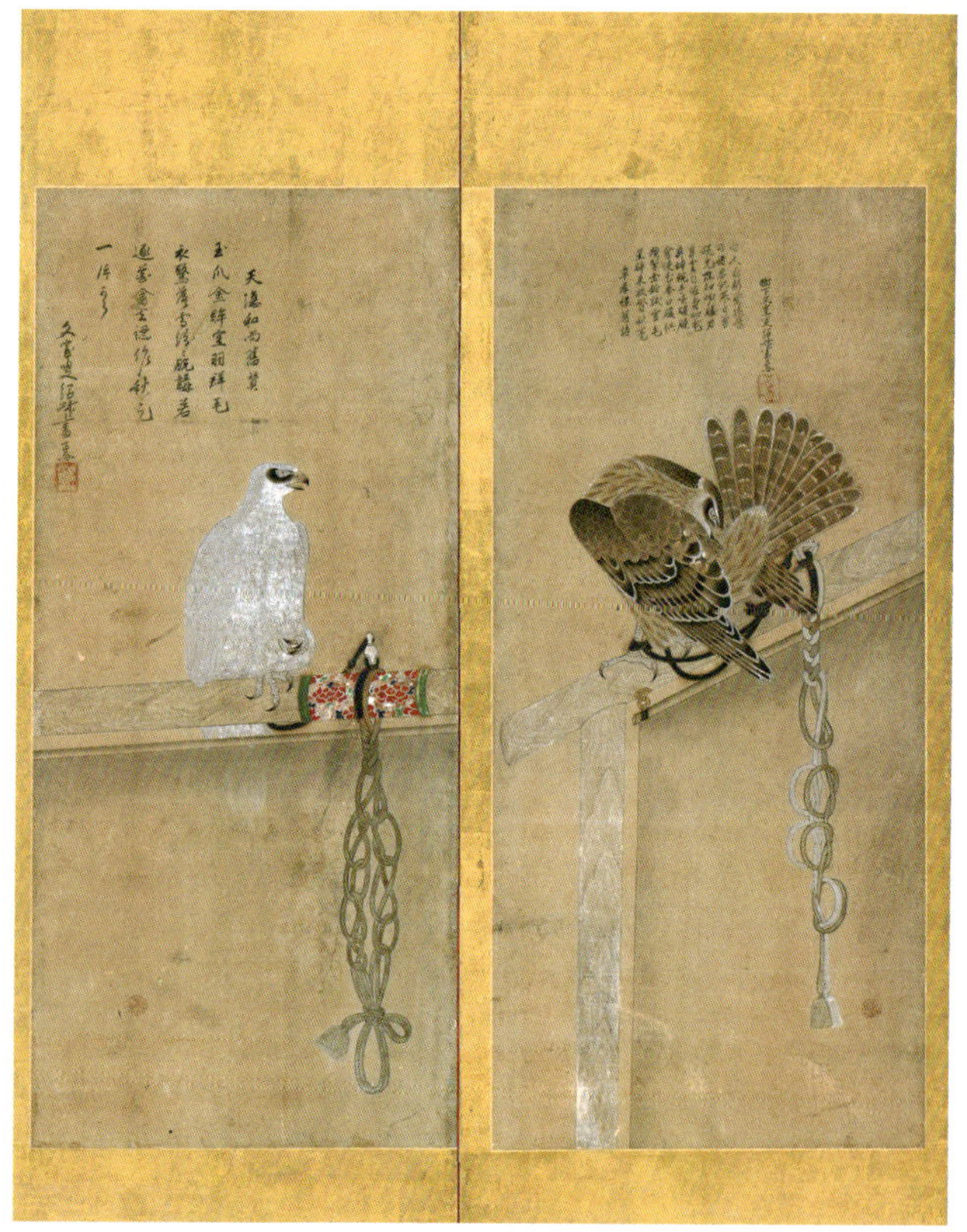

第五・六扇

日次記（ひなみき）』によれば、寛永十七年十一月九日条に、後水尾天皇の叡慮によって、三十余カ所もの候補のなかから仁和寺に御所の殿舎（紫宸殿・常御殿・台所門・清涼殿の一部）が下賜されたこと、翌十八年十一月から仏師や絵師などがたびたび仁和寺を訪れていることが記されている。仁和寺再興が御所の殿舎の下賜により急ぎ進められることになったのである。

顕證自身、寛永十九年に平等院や奈良を訪ねていることから（『巡礼記』、『和州霊地巡礼記』）、伽藍再興の下見を兼ねていたと思われ、それをもとに伽藍の配置や堂内の仏像配置なども考えたと思われる。こういった顕證の記録から、いかに再興に力をそそいでいたかが伝わってくるのである。

寛永二十一年九月には金堂堂内に彩色が施され、十月には金剛力士像を二王門に安置。正保三年（一六四六）十月十一日には、阿弥陀三尊像が真光院から金堂に移され、翌四年二月七日、金堂において諸堂本尊の開眼供養が執行された。これにより一連の事業が終了。仁和寺は、応仁二年九月の焼失以来、約一七〇年後にようやく再興されたのである。

江戸時代の仁和寺伽藍を描いた古絵図には御室桜も散見される

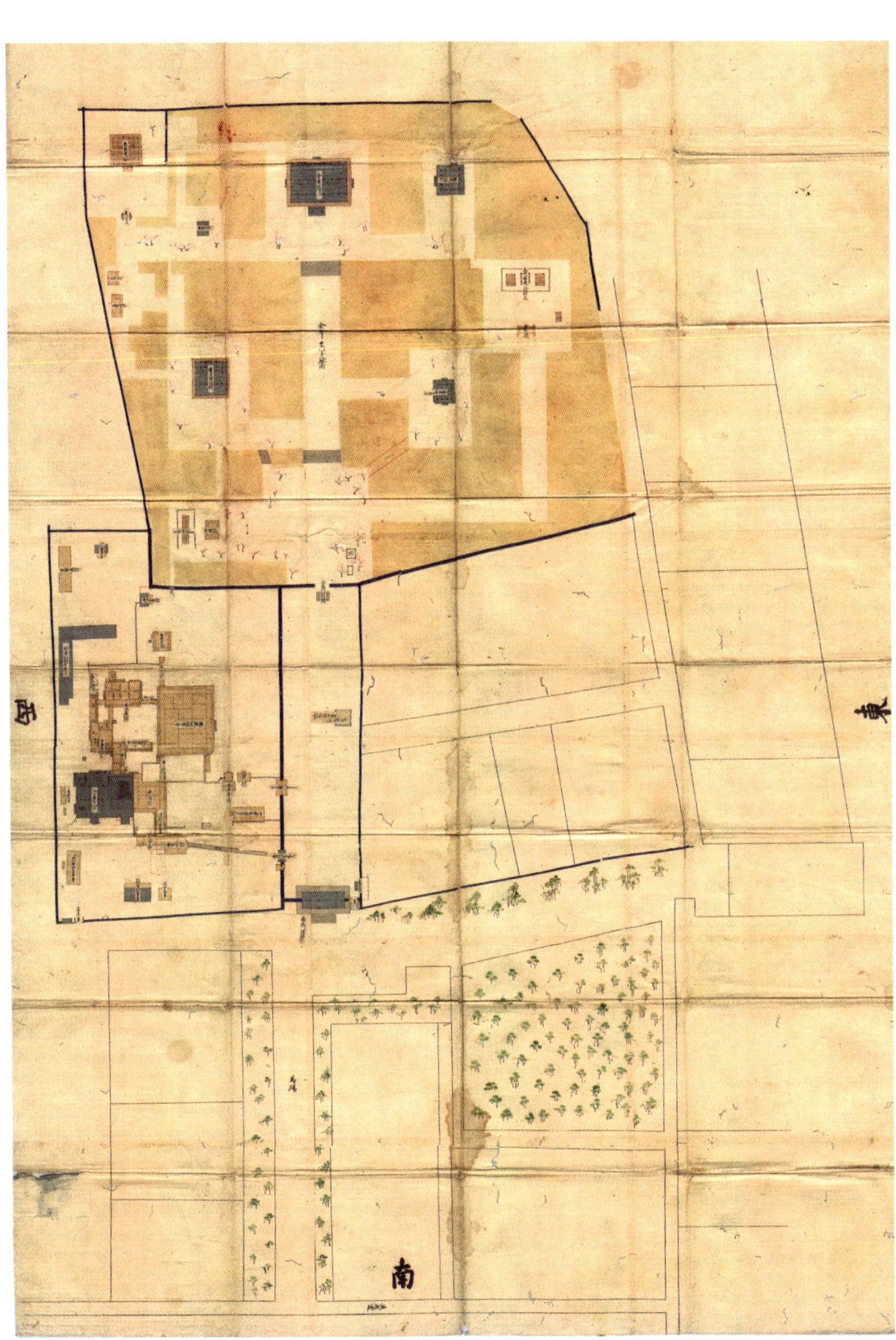

仁和寺伽藍御所惣絵図（にんなじがらんごしょそうえず）

1舗　紙本著色　縦180.2cm　横124.5cm　江戸時代　天和三年（1683）　（御経蔵）

仁和寺は正保三年（1646）に現在目にする伽藍の形に整備された。本図は再興後の伽藍配置を明確に表している最古の絵図で、天和三年六月に奥田和泉掾（おくだいずみのじょう）によって描かれたもの。この天和三年は霊元天皇（1654～1732）の第二皇子が出家、仁和寺御室（二十三世覚観法親王）として入寺する年にあたっており、入寺に伴い伽藍が整備され、その際に本図も作成されたとみられる。

3 再興された堂舎

堂舎再建にかけた顕證

寛永十一年（一六三四）、覚深法親王は上洛した将軍徳川家光に二条城で会い、仁和寺の伽藍復興を陳情した。家光はこれを認め、再建費用として金二十余万両を寄進した。それにより、造営は幕府の事業として寛永十八年に開始された。実務を担うのは聖教蔵整備でも力を発揮していた顕證で、奉行は備中足守藩主木下淡路守利当と摂津麻田藩主青木甲斐守重兼、大工は幕府大工頭中井大和守配下の奥田和泉掾があたった。

折から新内裏の造営が計画され、覚深の皇弟である後水尾上皇の意志で、慶長年間（一五九六〜一六一五）造営の紫宸殿・清涼殿・御常御殿・四脚門・御台所門が仁和寺に移築され、それぞれ金堂・御影堂・宸殿・勅使門・表門となった。うち宸殿は明治時代に焼失し、大正三年（一九一四）に再建された。

新築の堂舎についても顕證や奥田和泉掾の方針は明快で、旧内裏建物の移築を受け、伽藍総体に門跡寺院

金堂

1棟　入母屋造　本瓦葺　桁行七間　梁間五間
桃山時代　国宝

金堂は仁和寺の中心堂宇で、本尊阿弥陀三尊像を祀る。平安時代後期の段階で、南に接して礼堂が建ち、平等院鳳凰堂のごとく東西に翼廊を設けた、阿弥陀堂らしい構成であった。現在の金堂は、慶長年間（1596〜1615）造営の内裏紫宸殿を賜り、寛永十九年（1642）から二十一年にかけ移築したものである。屋根を瓦葺に替え、西庇を取り除いた以外、正面をすべて蔀とし、妻壁を大虹梁上に大蟇股と両側の大瓶束を立て、二重虹梁を載せるなど、紫宸殿の外観をほとんど残していて、門跡寺院らしい佇まいを醸すことになった。

金堂内観

紫宸殿の段階で、正面の柱並びは吹放ちだったが、移築後に板扉を設けて内陣と外陣を区切ることで、前者の密教儀式空間としての隔絶性を確保した。奥に須弥壇を設け、来迎壁には浄土殿閣図と、その両側に多宝塔図・瑜祇塔図を極彩色で描く。なお板扉の花先形金具（右写真）には、門跡寺院たるを意識してか菊花を表すが、そこに露を表す大粒の円環を散らすなど桃山時代風の意匠表現が顕著で、江戸初期の造作ながら、桃山建築に沿わせた演出が見て取れる。

花先形金具

としてふさわしい王朝の伝統様式、すなわち装飾を排した古典的な和様を目指したのである。その方針を体現した二王門・五重塔・経蔵・九所明神社など、大半の建物が正保三年（一六四六）までに完成をみた。

内裏の建築様式や装飾の名残

ところで、内裏の紫宸殿・清涼殿を金堂・御影堂とした際に、仏堂とすべく各々の内陣・外陣境に板扉が設けられた。そこに打たれた花先形金具が実に興味深い。寛永期の設置でありながら、菊花を一杯に描き、金堂扉金具には間に露まで散らすという、高台寺霊屋の厨子金具（慶長十一年〈一六〇六〉）を典型とする桃山時代の様式を見せる。おそらく前身建物の時代様式に合わせた図様が意図的に選ばれ、錺工房のなかでも桃山期を知る棟梁格の職人が製作に当たったものと考えうる。

なお、紫宸殿を飾った「賢聖障子絵」（→70～71頁）をはじめ、「唐人物図」や「牡丹図」（→ともに69頁）などの襖絵がマクリの形で伝わったのも幸いである。それらは桃山絵画のすこぶる貴重な遺品といわねばならない。

観音堂

1棟　入母屋造　本瓦葺　桁行五間　梁間五間
江戸時代　重文

金堂の手前、西寄りに建つ。仁和寺創建の40年後、延長六年(928)の建立とされ(『本寺堂院記』)、今の建物は寛永年間の諸堂復興時に再建された。たちの高い近世寺院建物の外観ながら、正面をすべて板扉とするのは、三十三間堂など平安後期の形を取り入れたものか。ほかの堂舎が純和様なのに対し、観音堂は妻飾りの虹梁大瓶束に三ツ花懸魚を用いるなど、禅宗様を加味している。

観音堂内観

内陣と外陣の境を、中世以来の密教修法の仏堂らしく、中央三間の桟唐戸と両脇の板扉で完全に仕切る。内陣は格天井、外陣は組入天井。十一面観音菩薩像をはじめとする諸菩薩を安置する須弥壇は、なかほどを絞り彫物で飾った禅宗様をみせる。彫物は蓮唐草などをごく立体的に表して彩色を施したもので、江戸初期の特色をよく示す。

御影堂

1棟　宝形造　檜皮葺
桁行五間　梁間五間　桃山時代　重文

境内の北西隅に建ち、弘法大師空海の像を祀る。建暦元年（1211）の創建ながら、今の建物は、慶長年間（1596〜1615）造営の内裏清涼殿の部材を賜り、寛永年間に再建したもの。昭和の屋根葺替で垂木に「せいりゃうでん」の墨書が発見された。ただ全体の外観は、祖師の住まいという意を込めて、軽やかで瀟洒な姿に形を変えている。蔀戸の蝉形金具などは清涼殿のものが再利用され、新設の内陣と外陣を仕切る板扉に、金堂と同じく菊花を一杯に表した錺金具を打つなど、随所に桃山時代の雰囲気を濃厚に残している。

五重塔初層内観

密教では、両界曼荼羅のうち胎蔵界曼荼羅を東方に掛ける。東に建つ五重塔は、その教理に沿って初層内部の各所に胎蔵界の諸仏が配される。須弥壇中央に四方を板で囲う心柱が立ち、本来ここに坐すべき定印の胎蔵界大日如来像が、西側正面の礼拝者の前に安置される。その脇に西方仏の無量寿如来が坐し、北・東・南の順に天鼓雷音・宝幢・開敷華王の四如来像がめぐる。四天柱に諸仏、側壁内側に真言八祖を極彩色で描く一方で、頭貫に江戸初期の建築装飾意匠の典型である菱格子文、折上格天井に門跡寺院らしい菊花文を表すなど、細部まで意匠を尽している。

五重塔

1棟　本瓦葺　三間五重　総高36.18m
江戸時代　重文

伽藍の東に建つ塔で、寛永十四年（1637）建立と伝えるが、昭和の屋根葺替で同二十一年の墨書のある土居葺板が発見され、この頃に完成をみたらしい。遠目には上層・下層の幅があまり差のない江戸時代層塔の形であるが、柱の上の組物を簡素な三手先とし、蟇股などに彫物装飾を行わないといった平安時代からの和様を踏襲するのは、金堂中軸線を挟んで建つ観音堂が禅宗様をみせるのと好対照である。初重各面には、西側正面の大日如来をはじめ四仏を象徴する種子（梵字）の額を懸ける。

経蔵

1棟　宝形造　本瓦葺　桁行三間　梁間三間
江戸時代　重文

寛永年間に経典・密教儀軌など膨大な聖教を整理した顕證が、これらを保管するため金堂東側に建立を計画した。建物の性格から、ほかの諸堂が和様を基調とするのに対し、禅宗様で統一を図っている。内部は全面瓦敷で、回転式の八角輪蔵を設け、聖教収納の効率化を図っている。建物外観も、正面桟唐戸の両脇間に花頭窓を設け、円柱に大きく膨らむ粽を設けるなど、質実な印象を強く受ける。なお、ここには、慶安元年(1648)に完結した天海版一切経が納められている。

鐘楼

1棟　入母屋造　本瓦葺　桁行三間　梁間二間
江戸時代　重文

寛永年間の伽藍再興に当たって、金堂の西側に建立された。板張りの袴腰を付け、飛檐垂木と地垂木の二軒に、上層を三手先、下層を二手先とする簡素な組物も、典型的な和様を示し、東側に対置する禅宗様の経蔵と対比してみると面白い。

九所明神本殿

3棟
(中殿)一間社流造　柿葺　(左殿・右殿)四間社流見世棚造　檜皮葺
江戸時代　重文

五重塔の北東の瑞垣内に社殿が3棟並び建つ。初代別当の幽仙が勧請した伽藍鎮守で(→44頁)、今の建物は寛永の伽藍再興に伴い建立された。中殿は箱棟に千木を立て、寛永期らしい虹梁絵様、象木鼻、透彫り蟇股を設け、左・右殿は木階を設けない簡素な見世棚造とする。再興時の指図集『本寺堂社図』によれば、中殿に八幡三所、東側の左殿には中央から賀茂下上・日吉・牛頭(祇園)・稲荷(以上左方五所)、西側の右殿には同じく松尾・平野・小日吉・小野島(以上右方四所)、計9座の神々を祀っており、この並び方は鎌倉時代まで遡る(『御室相承記』)。ただ幽仙は天台宗の僧であり、当初の序列構成は違っていた可能性もある。

二王門

1棟　入母屋造　本瓦葺　高19.2m　江戸時代　重文

境内正面に建つ巨大な二重門。柱間五間のうち中三間を戸口とし、左右各一間に二王を安置する。寛永十四年(1637)から正保元年(1644)にかけて造営。少し前に建った知恩院や南禅寺の三門が禅宗様なのに対し、この門は山廊をもたず、円柱形の柱とその上の三手先組物、上階の組高欄から側面破風の懸魚に至るまで、平安時代の伝統を引く和様でまとめる。法親王による法灯をともし続けた門跡寺院らしさを、顕證が意図したのであろう。

本坊表門

1棟　切妻造　本瓦葺　桃山時代　重文

いわゆる薬医門の形式で、本坊の東南に開く。太い腕木を二重に張り渡し、その上で大斗・実肘木で棟を支える。寛永期の再興にあたり、禁裏の常御殿を移築した宸殿など本坊周辺の建物は、明治二十年(1887)に起こった火災で大半が焼失の憂き目をみた。表門は、同じく御台所門を移築したものと伝え、この付近の旧禁裏遺構で焼け残った貴重な建物である。

飛濤亭

1棟　入母屋造　茅葺　江戸時代　重文

宸殿から北側の庭を眺めると、五重塔とともに茂みのなかに茅葺屋根の御茶屋建物が見える。深仁法親王の兄で、仁和寺をたびたび訪れた光格天皇の遺愛の席と伝え、天保頃(1830～44)の建物とみられる。茶室は四畳半で、貴人口の南に洞床という隅柱まで錆壁を塗り回した床があり、反対の西側には腰障子を立てる。床前の貴人畳上の天井は杉へぎ板の網代組み、点前席上はこれより一段低い蒲天井、外客席上は竹垂木に竹小舞の化粧屋根裏をみせる。

なお庭園は寛永復興期の作庭で、元禄三年(1690)に大改造された。明治二十年の火災で荒れた状態であったものを、明治末～大正期の本坊再興期に、小川治兵衛の設計により再整備した。

遼廓亭

1棟　南面入母屋造　北面寄棟造　杮葺　江戸時代　重文

霊明殿西側の庭に建つ。尾形光琳の好んだ茶室とも、天保年間(1830～44)頃まで仁和寺門前竪町にあったものを移したとも伝える。東南の三畳半の茶室は、南に蹲踞、躙口を設ける。室の左に床、その脇に三角の板を入れて、右に茶道口を開く。炉は点前畳の右隅に置く向切。右の半畳との間に杉板の火灯口を開く。天井は棹縁に杉のへぎ板を用い、竹垂木に竹小舞の化粧屋根裏(掛込天井)を組み合わせて、壁は苆入りの錆壁とするなど、全体の意匠は織田有楽斎好みの如庵に似る。

満開の御室桜

第四章 御室の文化を支えて（江戸時代初期～後期）

江戸時代前期、修学院離宮の造営で知られる後水尾上皇が天皇の四代にわたって院政を行ったが、学問のみならず詩歌や茶道にも長じた上皇は、宮廷文化の興隆に尽くした。再興後の仁和寺でも、文化発信地としての「御室ブランド」が誕生した。

1 文化の中心としての御室

仁清に始まる文化交流の輪

江戸時代前期は、後水尾上皇を中心とする宮廷文化があり、再興後の仁和寺においてもその文化発信の場であった。たとえば仁清（清右衛門）の御室焼（京焼）である。

仁清は正保年間（一六四四～四八）に仁和寺門前で開窯している。仁和寺においては『御室御記』慶安三年（一六五〇）十月十九日条に「丹波焼清右衛門来」とあるのが初見で、清右衛門が仁和寺に来たことが記されている。その後、明暦元年（一六五五）九月二十六日条にもみられ、仁清の御室焼は徐々に大成されていくのである。

元禄二年（一六八〇）になると尾形乾山（深省）の記事がみえ、乾山も仁和寺周辺で焼物を始める。この後、御室つづれ織、御室柿といった御室の名が付く織物や名産品が作られ「御室ブランド」がうまれるのである。また『御室御記』には絵師の狩野永敬（一六六二～一七〇二）をはじめ、狩野派などが訪れている記事があるため、当代きっての絵師との交流も盛んであったことは容易に想像がつく。

法皇も楽しんだ、御室の花見

そしてもう一つが御室桜であり、法皇の行幸であった。『御室御記』万治四年（一六六一）三月二十三日条には、後水尾法皇が花見のため行幸した記事がみえる。法皇の行幸は寛文四年（一六六四）、寛文八年にも記されており、同行者の名も残る。後水

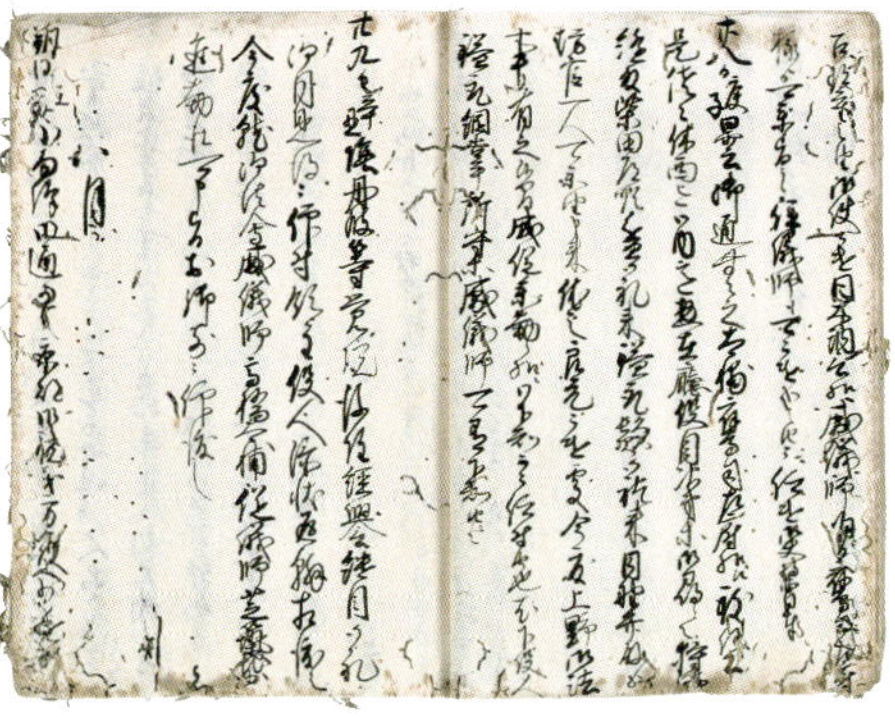

御室御記

189冊　紙本墨書　縦24.8～31.0㎝
横19.5～24.5㎝　江戸時代

仁和寺の坊官によって書き継がれた日次記。再興後の慶安二年（1649）から安政五年（1858）にかけて189冊現存する。当初は日々の仁和寺出入日記であったが、少しずつ形式が変わり、のちに法橋法眼といった僧位を得ようとする絵師・医師についての記録、富くじ興行についてなど、実務的な記録が書かれるようになる。江戸以降の仁和寺を知るための資料的価値も高い。

尾法皇以降も、光格天皇(一七七一～一八四〇)自愛の茶室とされる飛濤亭(→65頁)が建立されており、江戸時代を通じて行幸が行われていたといえる。さらには後西天皇(一六三八～八五)、霊元天皇(一六五四～一七三二)など数代にわたる宸翰和歌懐紙などが残る。対して歴代法親王も和歌懐紙や和歌手習いなどを多く残しているため、日常の行法のほかに、文化継承に日々研鑽を積んでいたこと、宮廷文化が寺内にも息づいていたことが示されるのである。

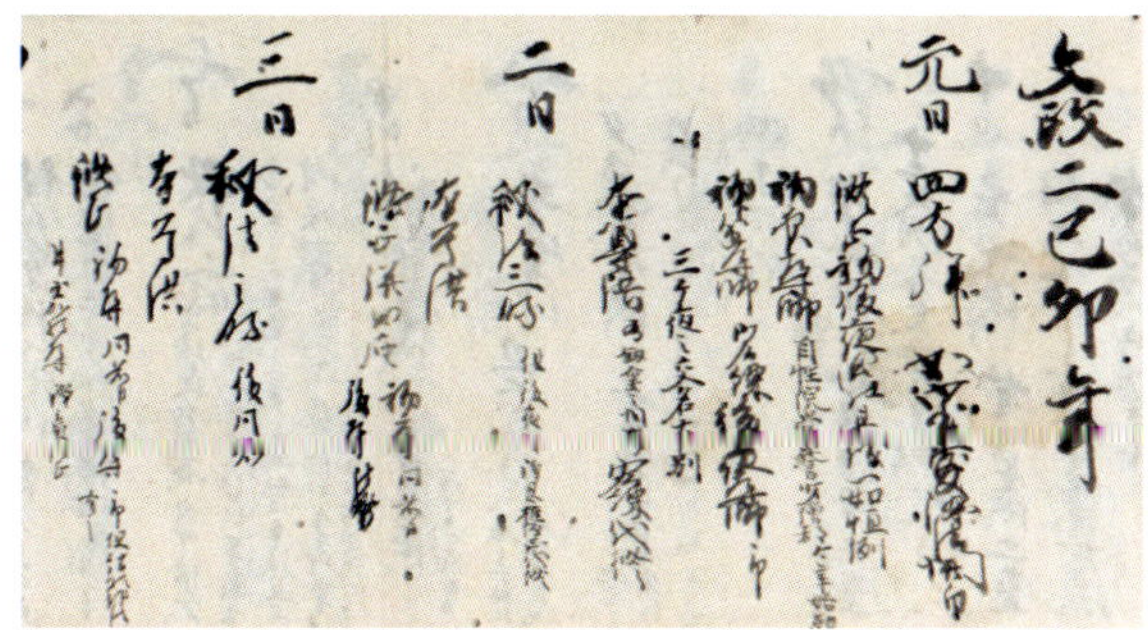

済仁法親王 行法記

33冊　紙本墨書　縦13.3㎝　横19.9㎝
江戸時代　(御経蔵)

済仁法親王は有栖川宮織仁親王(1754～1820)の第十一王子であり、仁和寺第二十九世。文化六年(1809)親王宣下ののちに入室。済仁は文化十二年(1815)に孔雀法、同十五年に十五童子法を修して以降、勅命で修法することも多かった。文政二年から弘化三年(1819～46)まで残る済仁の行法記からは、当時の御室の様子を知ることができる。

黒褐釉肩衝茶入　仁清作

1口　高8.9㎝　口径3.1㎝　底径2.5㎝
江戸時代(17世紀)

色絵瓔珞文花生同様、仁清の作品。胴から腰にかけていくつかの段を付け、肩を張らせた肩衝茶入。瀬戸茶入に手本を求めながら、口頸部から肩の衝きよう、胴の轆轤目、腰から胴裾への曲線、釉調などに仁清独特の創意工夫がみられる。腰以下の露胎部は丁寧に箆削りされ、釉も斜めに切っている。底は糸切底。底にはしっかりと「仁清」の小印が捺されている。なお薩摩間道・吉野間道・萌葱地金襴の仕覆が添えられている。

色絵瓔珞文花生　仁清作

1口　高33.3㎝　口径26.5㎝×26.0㎝
底径15.4㎝　江戸時代(17世紀)　重文

御室焼、仁和寺焼、仁清焼などと呼ばれる御室窯の作品。器形は古銅の中蕪形にならったもので、肩の左右に獅子頭を付け、内外には白釉を施す。高台脇は釉を幕状に掛け切り素地土をみせ、大きな口の広がりに対して安定感を与えている。絵付けは上絵付のみで、中蕪の部分に瓔珞文、垂飾りを赤・青・黄に金彩で描き、高台には青と金の横帯と赤と金の連珠文を描く。仏花器として作られ、寺院に献納されるにふさわしい意匠である。箱の蓋裏には「仁和寺伝来　銘四季之友　無物庵(花押)」とある。

竹一重切花生　銘 布瀑　江月作

1口
高31.3cm　口径12.0cm×10.0cm　底径11.4cm×9.6cm
桃山時代（16～17世紀）

大徳寺一五七世住持である江月宗玩（号は欠伸子など。1574～1643）作の竹花生。背に「布瀑」「欠伸子（花押）」と黒漆で記されており、桐箱の蓋表にも「竹一重切 江月作 銘布瀑」とある。この花生は切口を一段にした一重花入であるが、竹の選び方や輪・節の扱いが独特で、全体的にも力強さを感じさせる。

色絵菊流水文水指　和全作

1口　高17.5cm　口径16.4cm　底径14.3cm　江戸時代（19世紀）

和全（1823～96）は、陶家永楽家の十二代永楽保全（西村善五郎、1795～1854）の子。嘉永五年（1852）頃、仁和寺門前の旧御室窯跡に義弟永楽回全（西村宗三郎、1834～76）とともに「おむろ」窯を開窯し、慶応二年（1866）頃まで続けた。この水指もそうした関係から仁和寺に献納されたと考えられるが、本品は「おむろ」窯の製品ではない。器形は仁清風の一重口の水指で口頸部に段を付け、流水に菊花紋五つを描く。和全の代表的な仁清写しの作例の一つである。

象嵌青磁写菊鶴文鯉耳花生　仁阿弥作

1口　高30.5cm　口径22.8cm　底径12.8cm
江戸時代（19世紀）

二代高橋道八（仁阿弥道八、1784～1855）作の花生。二代道八は仁和寺から「法橋」と仁和寺の「仁」の一字の使用を許され、醍醐寺三宝院門跡から「阿弥」号を賜ったことから「法橋仁阿弥」と称した。この花生は口頸部を円形、胴を撫四方とし、左右に大きな鯉耳をつけた仁阿弥の創意になる器形で、口頸部には四方に菊文と飛鶴文を交互に印刻で表し、胴の四方にも飛鶴文を印刻で施す。全体に象嵌風な趣を出している。仁阿弥の晩年に近い頃の作品とみられる。

2 再興仁和寺の美術工芸

桃山宮廷絵画の遺品

寛永十八年（一六四一）に、仁和寺の伽藍を復興すべく、内裏の紫宸殿・清涼殿・常御殿の三棟と台所門が移築され、各々金堂・御影堂と、明治二十年（一八八七）に火災で焼失した宸殿に充てられた。これらの内裏建物は、慶長十七年（一六一二）から始まる造営になり、狩野孝信（一五七一～一六一八）が障壁画制作を担当した。

新たな用途で生まれ変わった現在の金堂・御影堂にそれらの絵画は伝わっていないが、その一部がマクリや屏風などで寺内に残されていた。いまは額装や襖に仕立て直され、かつての宮廷建物の荘厳の様を偲ばせる。

牡丹図　狩野孝信筆

４面　紙本金地著色
（各）縦178.1㎝　横91.5㎝　桃山時代

近年の調査でマクリの形で発見され、もとのように襖仕立となった。寛永復興時に仁和寺に下賜された慶長度造営の内裏建物のうち、清涼殿か常御殿を飾った襖絵とみられる。岩肌の陰影や牡丹葉の抑揚を強調した筆線が「賢聖障子絵」（→70-71頁）の人物の衣文線と通じることから、筆者は同じ狩野孝信と考えうる。兄、光信の繊細な表現とは対照的に、過剰なほどに線描を強調する作風は、父、永徳のそれを意識したものともいわれる。

唐人物図　狩野孝信筆

二曲屏風　１隻　絹本金地著色
縦126.2㎝　横136.2㎝　桃山時代

慶長度内裏の清涼殿、常御殿、いずれかの壁貼りか襖絵であったものが、建物とともに仁和寺に移されて、屏風に改装されて伝わった。松樹の下、孔雀と対する高士を描くが、太い幹や陰影深い人物表現は、「賢聖障子絵」と通じる作風で、狩野孝信の作と認められている。

賢聖障子

賢聖障子は、紫宸殿の母屋の玉座後方の柱間に立てる押障子で、中国漢代の宣帝が功臣の絵を描かせた故事にちなみ、賢聖名臣が三十二人選ばれて描かれる。平安時代にすでにその形式ができて、宮廷の最重要空間の荘厳として受け継がれてきた。本来は行事の時に限り設置されたものだが、後世には常設の間仕切りとして機能した。

仁和寺に残る賢聖障子は、慶長十八年(一六一三)造営の紫宸殿を、寛永十八年(一六四一)に金堂として移築した際に取り外されたものである。中央に魔除けの獅子・狛犬と松を配し、左右に賢聖三十二人を並べるのは通則に従うが、各人物がいずれも中央を向くとすると、人物は向かって右が十二人(柱間二間)、左が二十人(柱間三間)となって、左右対称とならない。理由は判然としないが、紫宸殿北西隅(向かって右奥)に何かが常置されていて、これを避け賢聖を配置したのかもしれない。

獅子

松

蕭何　子産

賢聖障子絵　狩野孝信筆

20面　絹本著色
(賢聖・大)(各)縦269.6cm　横92.5cm
(賢聖・小)(各)縦183.6cm　横92.5cm
(松)縦200.0cm　横86.1cm
(獅子・狛犬)縦195.8cm　横94.2cm
桃山時代　慶長十八年(1613)　重文

慶長十八年造営の紫宸殿に描かれた現存最古の賢聖障子絵。同年の『禁中御位ノ御所様覚』の紫宸殿の項に、「御絵はせいじん　狩野右近仕候」とあって、狩野孝信の制作と知られる。濃い隈取りによる陰影の深い人物描写に彼の個性が見て取れ、大規模な基準作としてきわめて重要な意義をもつ。

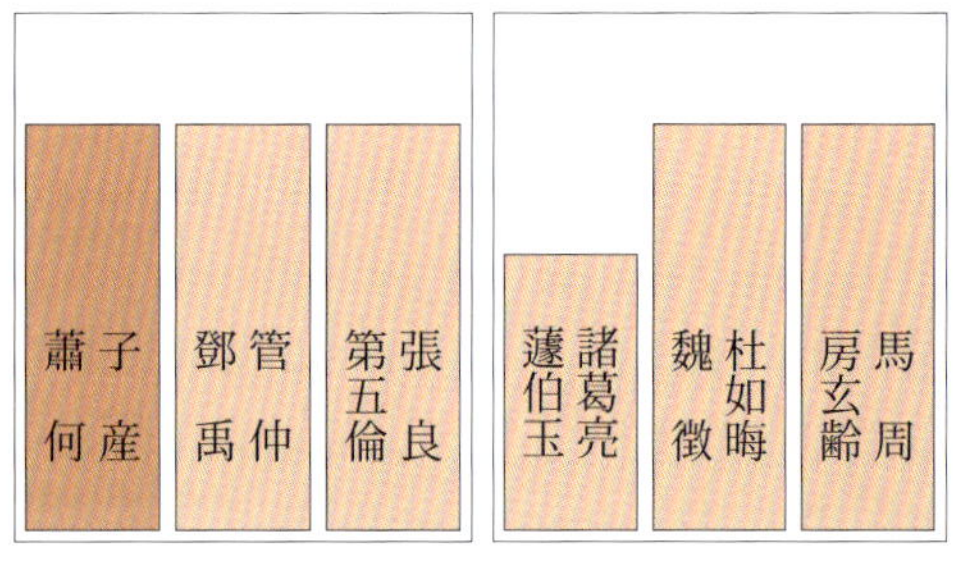

賢聖障子の配置

傳説　伊尹

松

狛犬

虞世南 李勣	張華 杜預	楊雄 羊祜	班固 陳寔

鄭玄 桓栄	倪覚 蘇武	文翁 董仲舒

叔孫通 賈誼	太公望 仲山甫	伊尹 傳説

松	狛犬	獅子	松

住吉蒔絵机

1基　木造、漆塗・蒔絵　幅90.3cm　奥行37.9cm　高25.2cm　桃山時代　重文

寺伝によると、豊臣秀吉が後陽成天皇に献上し、その後、仁和寺に下賜されたという文机である。天板には、金粉を密に蒔いた濃梨地に金銀の金貝と截金（前者は金属板、後者は金属線による文様表現）で、反橋と社殿、松原に雲を描く。鳥居こそ見えないが、これらの意匠要素から、室町時代以来好んで描かれた住吉図とわかる。なお工芸表現として面白いのは、要所の銹金具を金属製でなく蒔絵で表すことで、細部にまでこだわった蒔絵師の意志を感じ取ることができる。

日月蒔絵硯箱

1合　木造、漆塗・蒔絵　縦28.2cm　横24.4cm　高5.7cm　桃山時代　重文

住吉蒔絵机と同じく、秀吉から後陽成天皇へ献上ののち仁和寺へ下賜されたとの伝えをもつ。角が丸みをおびた被蓋造の硯箱で、総体を濃梨地とし、蓋表の左上に金の金貝で大きな日輪と銀金貝で雲を表して、蓋裏にも銀金貝で月輪と雲を表す。また側面には龍を描く。中世に日月の意匠は天界の二大要素と考えられ、山水図などとも組み合い森厳な宗教性が込められたので、仁和寺へ下賜される動機となったとも考えうる。

雪竹図　谷文晁筆

4面　紙本墨画　(各)縦168.9㎝　横68.4㎝　江戸時代　文化十四年(1817)

仁和寺の小書院(奥座敷とも)は、同寺坊官の久富遠江守文連の屋敷内から昭和十二年(1937)頃移築された建物で、谷文晁(1763～1840)・原在中・東東洋・森徹山・岸駒という江戸後期の有名画家の障壁画が4面ずつ飾られる。

岸駒を除く4人の襖は、各々が春・夏・秋・冬の画題を分け、この雪竹図は入口に配置されている。落款に「丁丑初夏写新竹居　文晁」とあり、文化十四年、文晁55歳の作と知られる。作域がきわめて広いことで知られた文晁の作品のなかでも、本品は彼の最も得意とする南画的手法で積雪の竹石を的確に描く。

夏景山水図　原在中筆

4面　紙本淡彩　(各)168.9㎝　横92.6㎝　江戸時代　文政七年(1824)

小書院の二の間の一の間境に配置される襖で、反対面(一の間側)の東東洋筆になる高士探梅図と季節・画題ともに呼応する、夏景の山水高士図を描いている。「七十五翁原在中画」との款記から、原在中(1750～1837)の文政七年の制作と知られる。諸派を学んだ在中らしく、南画の画題である山水人物図を、金砂子の効果も加えて円山派の風合いも見せる。

終章 明治期から現在

慶応三年(一八六七)十二月、第三十世純仁法親王(一八四六〜一九〇三)に復飾の命が下り、法親王は還俗され、仁和寺宮嘉彰親王(後の小松宮彰仁親王)となられた。よって第三十一世として、院家より初めて皆明寺の冷泉照道(?〜一八七九)が選出された。

1 明治以降の仁和寺

慶応三年、第三十一世にして、初めて院家から仁和寺住職(門跡)が誕生する。しかし、明治二年(一八六九)には、これまで行われてきた画工・医師などに官位を授けることを禁じられ、同四年には門跡、院家などの呼称も廃止となった。また、院家の一部は文政十三年(一八三〇)の地震による倒壊、焼失などで仁和寺と合併していたが、明治四年の上知令などでさらに退廃、尊寿院を残してすべて仁和寺に合併された。これらが重なり、これまでの寺院組織は再編を余儀なくされた。

さらに、明治十四年には、御室桜の西側に建立されていた十二所明神が九所明神に合祀され、再編の波は境内のなかにまで及んでいた。困難は仏教界全体にも広がり、真言宗内でも編成や解散が幾度も続いたのである。

落ち着きがみえ始めたのは昭和二十一年(一九四六)で、この年に仁和寺は真言宗御室派の総本山となり、現在は約八〇〇の御室派寺院とともに、流派を伝えるべく歩んでいる。

純仁法親王像 部分

1幅　絹本著色　縦114.0㎝　横66.6㎝　明治時代

純仁法親王(1846〜1903)は仁和寺第三十世。安政五年(1858)九月、仁和寺に入寺し、純仁法親王となる。慶応三年(1867)十二月に還俗し、仁和寺宮嘉彰親王と称した。

宸殿

1棟　入母屋造　檜皮葺　大正三年(1914)　亀岡末吉設計

旧宸殿は仁和寺再興時に御所の常御殿を下賜されたもので、御殿群のなかでも正殿として位置付けられていた。再建するにあたり、全体的な構成は伝統的な寝殿造とするも、中世以降に発達した書院造を取り入れ、さらには近代的な装飾を施した建築となった。内部を三室とし、襖絵などすべての障壁画は原在泉(1849〜1916)が手がけている。

2 御殿群の建立

かつて宇多天皇が譲位後に落飾し、仁和寺内に居住した御所の旧地とされる場所に、新たな御殿群が建立された。もとは寛永年間に御所より下賜された常御殿を宸殿とし、北（喜多）院や唐門など、寛永～正保年間（一六二四～四八）の仁和寺再興時に建立された建物群を見ることができたが、明治二十年（一八八七）五月二十日の火災で焼失。現在の建物は明治～大正年間に順次再建、または移築されたものである。御殿群七棟のうち、宸殿・霊明殿・勅使門・皇族門の四棟は京都府技師であった亀岡末吉（一八六五～一九二二）の設計であり、亀岡の壮麗な建築群が広がっている。『仁和寺再建記』によれば、まず明治二十三年に大玄関を建立し、仮宸殿としての白書院、その後黒書院が着手された。明治四十三年一月には京都府庁に委託され、霊明殿、皇族門、宸殿、勅使門の順で建立された。しかし罹災前にあった北院は再建されず、本尊「薬師如来坐像」（国宝→22頁）は、仁和寺歴代の位牌堂である霊明殿の本尊となり現在に至る。

勅使門（ちょくしもん）

1棟　木造　檜皮葺　大正三年（1914）　亀岡末吉設計

四脚の唐門で、前後に唐破風を付け左右の屋根を入母屋造としている。焼失前の四脚門付近に再建された。彫刻は当初無装飾の予定であったが、錺（かざり）金具との調和を図るために計画され、その結果、建具や欄間には花菱を基にした文様の透彫をはじめ、蟇股や両脇小壁、大瓶束（たいへいづか）両脇に唐草や鳳凰が施されるなど、細部にまで華麗に埋め尽くされ、亀岡ならではの建築となった。

黒書院（くろしょいん）

1棟　木造　平屋建　瓦葺　明治四十三年（1910）完成　安田時秀移築設計

宸殿の西に建つ。もとは東山安井にあった安井門跡蓮華光院（旧安井御殿）の寝殿であり、明治四十一年（1908）に購入し移築・改造したもの。不足分の木材は仁和寺内の古材を用いて建築され、明治四十三年に完成。移築・改造にあたっての設計は安井時秀が行った。内部は六室に分かれ、堂本印象（どうもといんしょう）（1891～1975）が昭和十二年（1937）に描いた柳、松、秋草など52枚の画で彩られている。

霊明殿（れいめいでん）

1棟　木造平屋建　檜皮葺
明治四十四年（1911）　亀岡末吉設計

宸殿の北東に建つ霊明殿は、焼失前の北（喜多）院と霊明殿が合併し、明治四十四年に北院跡に再建されたもの。旧北院は円勢（えんせい）（？～1135）・長円（ちょうえん）（？～1150）作の薬師如来坐像を安置、旧霊明殿は歴代の霊牌を安置する仏堂であった。『仁和寺再建記』に、北院は「歴代法親王の御念誦堂にして決して余人の入堂を許さず」とあり、霊明殿は「仁和寺の院家僧正の他には出入りを許さざりし御霊牌殿」であったことが記されている。霊明殿は御殿群のなかで唯一の仏堂である。

仁和寺略年表

和暦	西暦	事項
仁和 二年	八八六	この年、光孝天皇の発願によって、大内山の麓に御願寺が着工される。
三年	八八七	八月 光孝天皇が崩御し、宇多天皇が即位する。
四年	八八八	八月 宇多天皇が西山御願寺（仁和寺）を供養し、あわせて先帝の周忌御斎会を同時に執行する（仁和寺の開創）。
寛平 二年	八九〇	十一月 別当幽仙の奏請によって、仁和寺に年分度者二人が置かれる。
九年	八九七	七月 宇多天皇が退位し、醍醐天皇が即位する。
昌泰 二年	八九九	三月 円堂院（八角堂）が建立される。 十月 宇多上皇が仁和寺において落飾する。東寺長者益信より戒を受ける。 十一月 宇多法皇が東大寺において益信より戒を受ける。
三年	九〇〇	十一月 別当観賢の奏請によって、円堂院に声明業の年分度者一人が置かれる。
延喜 四年	九〇四	三月 宇多法皇が仁和寺に御室を造営して移る。
承平 元年	九三一	七月 宇多法皇が崩御する。
天暦 四年	九五〇	十一月 仁和寺の別当・三綱・円堂三僧らの立ち会いのもとで宝蔵の実検が行われ、実録帳が作成される。
天暦 六年	九五二	四月 朱雀法皇が仁和寺に移る。
永観 元年	九八三	四月 円融天皇の御願によって、円融寺が建立される。
長徳 四年	九九八	一月 一条天皇の御願によって、円教寺が建立される。
寛弘 七年	一〇一〇	三月 藤原道長の妻倫子の御願によって、観音院灌頂堂が建立される。
寛仁 二年	一〇一八	四月 円教寺が焼失する。
天喜 三年	一〇五五	十月 後朱雀天皇の御願によって、円乗寺が建立される。
治暦 四年	一〇六八	五月 後冷泉天皇の遺骨が円教寺に納められる。
延久 二年	一〇七〇	十二月 後三条天皇の御願によって、円宗寺（円明寺）が建立される。
承暦 四年	一〇八〇	八月 源経信が仁和寺の南北の宝蔵を実検する。
永保 元年	一〇八一	十一月 源経信が、再び仁和寺宝蔵の実検を行う。
永保 二年	一〇八二	八月 白河天皇が仁和寺に行幸し、北院を供養する。
三年	一〇八三	二月 聡子内親王が、父帝後三条天皇の菩提を弔うために大教院を建立する。
康和 五年	一一〇三	一月 北院が焼失する。
永久 元年	一一一三	三月 堀河天皇の遺骨が円融寺に納められる。
元永 二年	一一一九	四月 金堂、東西廻廊、鐘楼、経蔵、三面僧房、観音院、灌頂院等が焼亡する。 十二月 金堂が再建される。

年中行事

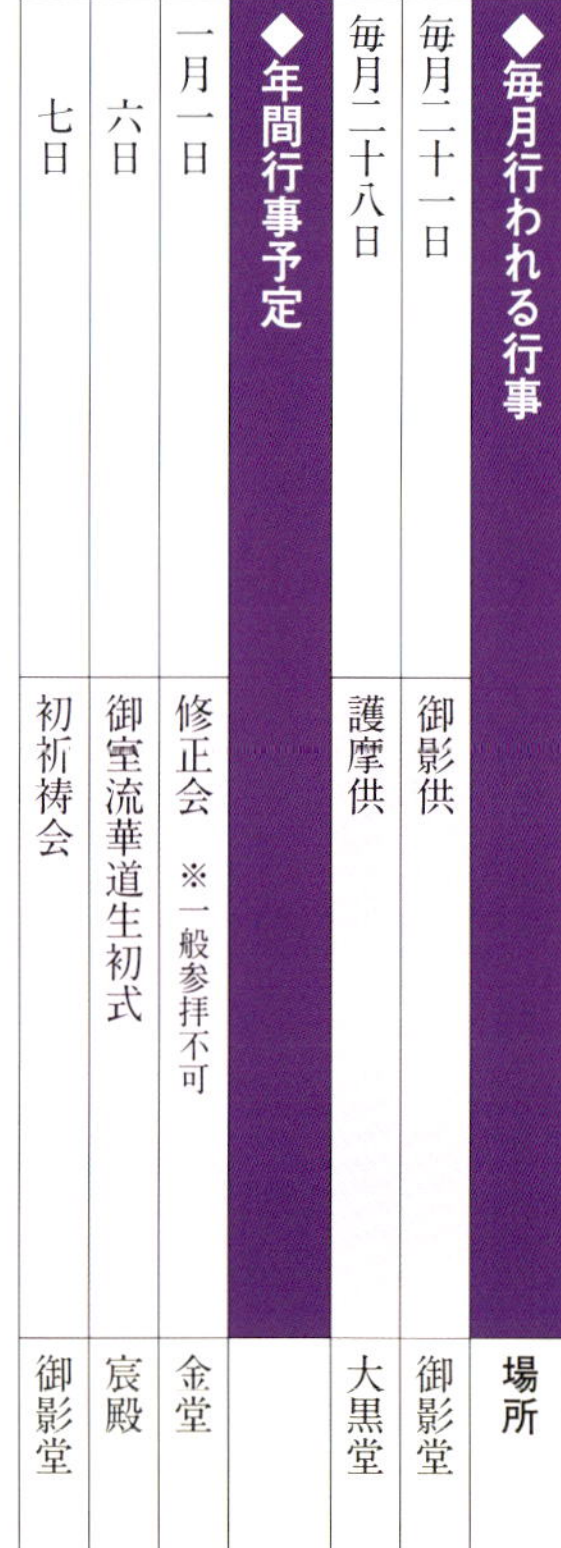

◆毎月行われる行事		場所
毎月二十一日	御影供	御影堂
毎月二十八日	護摩供	大黒堂
◆年間行事予定		
一月一日	修正会 ※一般参拝不可	金堂
六日	御室流華道生初式	宸殿
七日	初祈祷会	御影堂

毎月21日の御影供（みえく）

年号	西暦	月	事項
保安 元年	一一二〇	四月	源能俊が、寛助僧正立ち会いのもとに宝蔵の実検を行う。
二年	一一二一	十一月	観音院、灌頂院、仏母院が再建される。
大治 三年	一一二八	二月	勅使が派遣され、宝蔵の実検が行われる。
五年	一一三〇	十月	待賢門院璋子（鳥羽天皇中宮）の御願によって、法金剛院が建立される。
保延 元年	一一三五	五月	鳥羽法皇が仁和寺（の修理完成の）供養を行う。
五年	一一三九	十一月	大教院が焼亡する。
康治 元年	一一四二	二月	待賢門院が法金剛院において出家する。
天養 元年	一一四四	十月	鳥羽法皇の発願によって、孔雀明王堂が建立される。
仁平 三年	一一五三	八月	覚法法親王が『孔雀明王同壇具等相承起請文』を作成する。
		十二月	故覚法法親王の仁和寺御所が焼失する。
治承 二年	一一七八	十月	守覚法親王が、建礼門院徳子（高倉天皇中宮）御産の御祈のため孔雀経法を六波羅殿に修する。
文治 二年	一一八六	十月	守覚法親王が、『三十帖冊子』を東寺の経蔵より仁和寺大聖院の経蔵に移す。
弘安 四年	一二八一	二月	性助法親王が蒙古調伏のため孔雀経法を仁和寺大聖院に修する。
応安 二年	一三六九	九月	大風雨によって、仁和寺、円宗寺、観音院等が倒壊する。
永和 元年	一三七五	八月	後円融天皇が、仁和寺宝蔵収納の「御禊行幸絵巻」を見る。
文安 元年	一四四四	閏六月	後花園天皇が、仁和寺宝蔵収納の「後三年絵」を見る。
応仁 二年	一四六八	九月	応仁の乱で、東軍の兵が仁和寺を焼く。
大永 四年	一五二四	六月	勧進僧覚算が、仁和寺の再建のための勧進を行う。
天正 十九年	一五九一	九月	豊臣秀吉が仁和寺に八六〇石の朱印地を与える。
元和 三年	一六一七	九月	徳川秀忠が仁和寺に一五〇〇石の朱印地を与える。
寛永 十一年	一六三四	七月	覚深法親王が幕府に仁和寺の再建を願い出、許可される。
十八年	一六四一	二月	木下利当、青木重兼が幕府の仁和寺造営奉行に任命される。
正保 三年	一六四六	十月	仁和寺の伽藍の再建が完成する。
			この頃、野々村仁清が御室に開窯する。
四年	一六四七	二月	金堂において諸堂本尊の開眼供養が修される。
享保 十九年	一七三四	二月	仁和寺において弘法大師九〇〇年遠忌を修する。
嘉永 五年	一八五二		この頃、永楽和全らが御室窯を開窯する。
慶応 四年	一八六八	一月	仁和寺宮嘉彰親王が征討大将軍に任ぜられる。
明治 二十年	一八八七	五月	宸殿・勅使門が焼失する。
大正 三年	一九一四	四月	宸殿の新築工事が竣工する。
平成 六年	一九九四	十二月	「古都京都の文化財」として、ユネスコの世界遺産に登録される。
平成 二三年	二〇一一	十月	宸殿など八棟が国の登録有形文化財として登録される。

二月三日	節分会	金堂
十五日	常楽会	金堂
三月六日	土砂加持法要	金堂
二十一日	春季彼岸会	金堂
二十四日	春季御室霊園水子地蔵尊供養会	御室霊園
四月一日（～五月第四日曜日まで）	春季名宝展	霊宝館
桜開花時期	伽藍特別入山（御室桜観桜）	伽藍内
中旬	桜布教	
五月第二または第三日曜・月曜日	御室流華道流祖奉献全国挿花大会	御殿
六月五日・六日・七日	授戒会 ※一般参拝不可	
九月八日	開山忌	御影堂
二十一日	秋季彼岸会	金堂
秋分の日	秋季彼岸御室霊園供養会	御室霊園
十月一日（～十一月二十三日まで）	秋季名宝展	霊宝館
十二月一日	伝法灌頂 ※一般参拝不可	

2月15日の常楽会

5月の御室流華道流祖奉献全国挿花大会

拝観案内

真言宗御室派総本山

仁和寺

旧御室御所・世界遺産

住　所　京都市右京区御室大内三十三
電　話　〇七五・四六一・一一五五
ホームページ　http://ninnaji.jp
拝観時間　三月～十一月　九時～十七時
　　　　　十二月～二月　九時～十六時半
　　　　　（受付は三十分前まで）

参考文献

【単行本・目録等】

香山益彦『御室の桜』香山益彦　一九三〇年
西田直二郎『洛西　花園小史』積善館　一九四四年
森蘊『平安時代庭園の研究』桑名文星堂　一九四五年
奈良国立文化財研究所編『仁和寺史料　寺誌編（一）（二）』吉川弘文館　一九六四年・一九六七年
上原敬二『解説　山水並に野形図・作庭記』加島書店　一九七二年
出雲路敬和『仁和寺史談』真言宗御室派・総本山仁和寺　一九七三年
山本健吉・森諦圓・近藤豊・中野玄三『古寺巡礼　京都11　仁和寺』淡交社　一九七七年
杉山信三『院家建築の研究』吉川弘文館　一九八一年
濱田隆・浅井和春・伊藤延男・中野政樹・平井聖・山本勉・山本信吉他『日本古寺美術全集14　醍醐寺と仁和寺・大覚寺』集英社　一九八二年
仁和寺・京都国立博物館『仁和寺大観』法蔵館　一九九〇年
伊東史朗・泉武夫・下坂守・日高薫他『週間朝日百科　日本の国宝14　仁和寺』朝日新聞社　一九九七年
阿部泰郎・山崎誠編『守覚法親王と仁和寺御流の文献学的研究』勉誠社　一九九八年
古代学協会『仁和寺研究』第一輯～五輯　吉川弘文館　一九九九年～二〇〇五年
月本雅幸他『真言宗寺院所蔵の典籍文書の総合的調査研究―仁和寺御経蔵を対象として―』（科学研究費成果報告書）二〇〇一年
阿部泰郎編『仁和寺資料　第三集【縁起篇】』名古屋大学比較人文学研究年報　二〇〇二年
角田文衛他『仁和寺所蔵典籍の研究』（科学研究費成果報告書）二〇〇六年
赤尾栄慶・綾村宏・久保智康・白幡洋三郎・村井康彦他『新版古寺巡礼京都22　仁和寺』淡交社　二〇〇八年
京都府教育委員会『京都府の近代和風建築―京都府近代和風建築総合調査報告書』京都府教育委員会　二〇〇九年
内藤榮『舎利荘厳美術の研究』青史出版　二〇一〇年

【展覧会図録】

京都国立博物館『宇多天皇開創　一一〇〇年記念　仁和寺の名宝』日本経済新聞社　一九八八年
神奈川県立金沢文庫『仁和寺御流の聖教―京・鎌倉の交流―』一九九六年
尾野善裕他『京焼―みやこの意匠と技―』京都国立博物館　二〇〇六年
久保智康他『京都御所ゆかりの至宝―甦る宮廷文化の美―』京都国立博物館・京都新聞　二〇〇九年
山川暁他『高僧と袈裟　ころもを伝え　こころを繋ぐ』京都国立博物館　二〇一〇年
羽田聡『宸翰　天皇の書―御手が織りなす至高の美―』京都国立博物館　二〇一二年

【論　文】

石田茂作「我国発見の銅板経に就いて」『積翠先生華甲記念論纂』積翠先生華甲寿記念会　一九三二年（『仏教考古学論攷　三　経典編』思文閣出版　一九七七年）
景山春樹「八幡神影像の研究」『神道美術の研究』二編二　臨川書店　一九六二年
景山春樹「比叡山西塔」『比叡山寺』同朋舎　一九七八年
川本重雄・川本桂子・三浦正幸「賢聖障子の研究―仁和寺蔵慶長度賢聖障子を中心に」『國華』一〇二八・一〇二九号　朝日新聞出版　一九七九年
紺野敏文「創立期仁和寺の性格と定印阿弥陀如来像」『佛教藝術』一二八号　毎日新聞社　一九八〇年
伊東史朗「仁和寺旧北院本尊薬師如来檀像について」『佛教藝術』一七七号　毎日新聞社　一九八八年
苫米地誠一「阿弥陀如来像と真言密教」『文教文化学会紀要』三号　一九九五年
平田寛「仁和寺蔵八幡神影向図」『國華』一二四九号　朝日新聞出版　一九九九年
古藤真平「仁和寺の伽藍と諸院家（上）」『仁和寺研究』第一輯　古代学協会　一九九九年
宇野茂樹「寛永復興金堂諸尊像」『仁和寺研究』第二輯　古代学協会　二〇〇一年
泉武夫「伝船中湧現観音像の図像と修法」『美術史』一五七号　美術史学会　二〇〇四年
上村和直「御室地域の成立と展開」『仁和寺研究』第四輯　古代学協会　二〇〇四年
横内裕人「仁和寺御室考」『日本中世の仏教と東アジア』塙書房　二〇〇八年
松薗斉「中世の宮家について―南北朝・室町期を中心に―」『人間文化：愛知学院大学人間文化研究所紀要』第二五号　二〇一〇年
京樂真帆子「文献史料から見た平安時代庭園」『平安時代庭園の研究―古代庭園研究Ⅱ―』（奈良文化財研究所研究論集17）二〇一一年
佐伯智宏「中世前期の王家と法親王」『中世前期の政治構造と王家』東京大学出版会　二〇一五年

仁和寺所蔵掲載宝物索引

著者

久保智康〈くぼ・ともやす〉

［担当頁］18-49, 60-65, 69-73

1958年、福井県生まれ。福井県立博物館学芸員、京都国立博物館研究員を経て、現在叡山学院教授、京都国立博物館名誉館員。天台宗窓安寺住職。専門は、東アジアの仏教を中心とする工芸史・考古学。主な編著書『錺金具』、『中世・近世の鏡』（以上、『日本の美術』至文堂）、『琉球の金工』（ぎょうせい）、『日本の古代山寺』（高志書院）。

朝川美幸〈あさかわ・みゆき〉

［担当頁］6-17, 50-59, 66-68, 74-75, 76-77（年表）

1971年、福島県生まれ。立命館大学大学院文学研究科博士前期課程修了。文学修士。仁和寺管財課書記、課長を経て、2015年より仁和寺学芸員。年二回開催される仁和寺霊宝館名宝展の企画・展示を行う。

特別協力

真言宗御室派総本山 仁和寺

本文デザイン＋レイアウト

伊藤安紀子＋渡邉 薫

カバーデザイン

伊藤安紀子（The Weight）

シリーズタイトルデザイン

幅 雅臣

写真提供・協力

京都国立博物館／久保智康／古代学協会／古藤真平／東京国立博物館／読売新聞社

＊仁和寺所蔵のものは所蔵先記載を省略した。

アート・ビギナーズ・コレクション

もっと知りたい 仁和寺の歴史

2017年12月10日　初版第1刷発行

著　者	久保智康 朝川美幸
発行者	乾　哲弥
発行所	株式会社東京美術 〒170-0011 東京都豊島区池袋本町3-31-15 電話　03（5391）9031 FAX　03（3982）3295 http://www.tokyo-bijutsu.co.jp
編　集	株式会社見聞社
印刷・製本	大日本印刷株式会社

ISBN978-4-8087-1098-9 C0021